打开爱情
的
心密码

薛明 —— 著

北京理工大学出版社
BEIJING INSTITUTE OF TECHNOLOGY PRESS

图书在版编目（CIP）数据

打开爱情的心密码/薛明著.—北京：北京理工大学出版社，2016.10
ISBN 978-7-5682-2545-8

Ⅰ.①打…　Ⅱ.①薛…　Ⅲ.①恋爱心理学－通俗读物　Ⅳ.①C913.1-49

中国版本图书馆CIP数据核字（2016）第150783号

出版发行／北京理工大学出版社有限责任公司
社　　址／北京市海淀区中关村南大街 5 号
邮　　编／100081
电　　话／（010）68914775（总编室）
　　　　　（010）82562903（教材售后服务热线）
　　　　　（010）68948351（其他图书服务热线）
网　　址／http：//www.bitpress.com.cn
经　　销／全国各地新华书店
印　　刷／北京泽宇印刷有限公司
开　　本／710毫米×1000毫米　1/16
印　　张／16　　　　　　　　　　　　　　责任编辑／梁铜华
字　　数／199千字　　　　　　　　　　　文案编辑／梁铜华
版　　次／2016 年 10 月第 1 版　2016 年 10 月第 1 次印刷　责任校对／周瑞红
定　　价／36.00 元　　　　　　　　　　　责任印制／李志强

图书出现印装质量问题，请拨打售后服务热线，本社负责调换

序

　　爱情是美好的，真爱却是晦涩的；恋爱是轻盈的云，婚姻却是一地鸡毛。相爱容易相处难，情到深处不自知。

　　恋爱、结婚是人生中最大的事情，没有之一，满世界却尽是天涯沦落人。是期待太高，还是不明就里？是宁缺毋滥，还是心怀恐惧？中国式的爱情故事有太多的传奇，唯独少了灵魂伴侣的辉映，甚至，自己都不知道为什么进入婚姻的围城。如果，只是为了生存，也就不要责怪真爱的无情。

　　从恋爱到婚姻，是爱情的诱惑，还是真爱的吸引？当爱情的光环褪去，还能不能继续牵手前行？爱情深不可测，真爱如影随形，只要你愿意面对，爱，就会来帮你。

　　当你开始爱自己，就会有人来爱你；亲密关系的本质就是自我关系，觉醒的婚姻就是不再轻信爱情的天空满是浪漫的星星。期待这本书可以伴随你的青春修炼，引领你的真爱旅程，留下爱与成长的印记。

薛明　2016年6月10日于北京

第一章　男女为什么要相爱

第四章　怎么知道爱神降临

第八章　婚姻是一场巨大的冒险

第一章
男女为什么要相爱

恋爱是人的一种情感本能，到了青春期就会自然冒泡，不能卸载，也无法删除；爱情所缔造的亲密关系体验，是一种超越人间所有其他情感的亲密感受。

相爱是最美好的人生礼物

人这一辈子，自己一个人可以做很多事情：读书、上学，创业、找工作，买车、卖房，周游世界……甚至一个人独自过一辈子。然而**有一件事，却是自己一个人无论如何也完成不了的，那就是结婚**，组成一个家庭，然后生儿育女，白头到老。

上天为什么要这样安排呢？非要一个男人和一个女人在一起相亲相爱才能完成人类延续的重任吗？

有人说，男人的一半是女人，女人的一半是男人，因为相爱，男人和女人都会变得更完整。你相信这样的传说吗？女娲用男人身上的一根肋骨，捏造了一个女人，从此，男人就带着缺失的痛苦在大千世界中寻找属于自己的那根肋骨，期于完整；而女人，就带着失落的孤寂在茫茫人海中找寻属于自己的归属，期于重生。

这样的传说不知影响了多少代人，它隐喻着女人就是男人的一小部分，一根肋骨而已。而男人，则是女人的全部意义。男人失去一根肋骨，大不了有点缺憾，不会影响人生大局；可如果女人没了男人，充其量只是一根食之无味、弃之可惜的肋骨而已，再怎么折腾，也不过是男人的一个附属品。又或者，把自己变成一个女汉子、男人婆，像男人一样去战斗，自己成为自己的归宿。

所幸，科学的发展给了女性可以扬眉吐气的新论据。2008年，美国《时代》周刊推出专稿，试图从科学上分析爱情的源头在哪里。

　　基因学研究表明：男女之所以会相互吸引、爱慕，是因为体内都存在着某种经过几万年进化所形成的基因物质，促使人类为了自身的繁衍而"不得不"需求交媾对象。人类不仅会在生理层面对异性有性欲冲动，而且在精神层面有更高的爱恋需求。更关键的是，科学家已经证实：**最初决定男性生命形成的染色体（Y），是由女性染色体（X）裂变所得**——原来那些自以为是的男人才是"肋骨"，怪不得女性天生就具有如此深厚的"母性"呢！这是不是说：男人不过是女人一不小心"基因突变"的产物呢？

　　之所以在这里链接多种有关男女相爱的起源，不是为了博弈到底"女人是男人的一根肋骨"，还是"先有女人，才有男人，男人不过是女人的一个变种"这样的对立话题，而是想说：**其实男女相爱，是上天赐予我们最美好的人生礼物，是一种可以超越现实生活的巅峰情感体验**，无关肋骨，也无关染色体，男人和女人，谁也不是谁的附庸，谁也不是谁的变种，你需要知晓并且去行动的只有两件事：一是先做好自己，爱自己，并付出一切努力，让自己成为最好版本的自己；二是做好谈恋爱、结婚生子的心理准备，有意识地跟你喜欢的，或喜欢你的异性交往，由浅入深，由外而内，拨开重重迷雾，找寻你的真爱和灵魂伴侣。

爱情是生命延续的源动力

人类跟动物相比，有一个致命弱点，那就是一个人从出生到独立，一般会有长达十几年的依附期。也就是说，从婴儿、幼儿到青少年阶段，你只能依靠父母或其他长辈"供应吃穿住行"才能存活。大部分人的依附期是18年甚至更长（如果读大学或者研究生的话，实际上也没有自食其力）。然而，在这个过程中，即使你的身体还没有完全发育成熟，从青春期（11~13岁）开始，你也会对异性产生懵懵懂懂的"吸引和被吸引"的情愫，正所谓"哪个少男不钟情？哪个少女不怀春"？

恋爱是人的一种情感本能。所谓本能，就是人类与生俱来的、不需教导和训练的、天赋的、固有的一些行为和性能。比如吃饭、喝水、睡觉，比如见到豺狼虎豹就撒腿儿逃跑。

也可以说本能就是人体的系统软件，恋爱是其中的一个固有程序，到了青春期就会自然启动，容易被异性吸引或想要吸引异性，并渴望与心仪的异性建立亲密关系。

这个本能的程序非常强悍，卸不掉，删不了，因为它关乎人类的延续繁衍，甚至可以说是人类系统软件中最最重要的人生程序，没有之一。所谓男人通过征服世界而征服女人，女人通过征服男人而征服世界，你看，征服来征服去，不过都是为了男女情感这回事嘛。

我们来看两个案例，感受一下青春期的恋爱程序一旦启动便具有威力无穷的杀伤力。

一个高三男生的苦恼：

人啊人，为啥男人会情不自禁地爱女人呢？真愁死我了！这都四年了，从初二我就喜欢上一女生，可她偏偏喜欢上了别人！我以为我已经把她放下了，可为啥她还时不时地浮现在我脑海里？以前我总在想，既然爱她，只要她跟别人在一起，比跟我在一起开心幸福就好，这也是我希望的，但为啥我总感觉自己在欺骗自己呢？我只向她表白过一次，被她用借口拒绝了，我立马就放弃了，落花有意流水无情，即便是落花逐水，她的心不在你身上，到头来还是会被甩被抛弃。这是我没有继续追求下去的原因，不知是对还是错呢？四年来也有别的女生追过我，可为啥我就没有感觉呢？难道心中对她还有一丝期盼？人为啥会有爱呢？真像捆人的麻绳，让人难以挣脱啊！

一个初二女生的日记：

今天是我的耻辱日，我会永远恨你！是你的不理不睬、始乱终弃逼我一步一步走上了楼顶。要不是肖晨偷偷跟着我，拦住了我，叫来了老师，恐怕我已经不在这个世界了！既然你不爱我了，我活着还有什么意义？一了百了，我要让你背负一辈子的内疚，让你的心里永远有一片属于我的阴影！说什么要好好学习，考上大学再说；说什么家长发怒了，老师警告了，这些统统都是借口！我明明看见昨天晚上下了自习，你和她一起走进了食堂，请吃请喝献殷勤（我的心在滴血你知道吗？）。别跟我说你们在讨论元旦晚会的方案，你不过是想借她这个利器打倒我罢了。今天，你的目的达到了，我成了天下最大的笑话，不仅老师、同学看到了，连我的父母也跟着我丢脸！我一辈子都不会原谅你！

心理学告诉我们，初中的少男少女是最容易"心有所属"的，而且常常是"一叶障目，不见泰山"，一旦喜欢上了谁，那简直是天旋地转，光晕亮瞎眼，又羞于表白，只能默默地痛并快乐着。在现实中，我们常常发现，初二的男女生会不约而同地玩一个类似"过家家"的游戏，把班里的男女生统统"配对"，借此抒发对男女之情的向往和渴望。

其实，在青春期初期以及青春期之前，"过家家"的游戏一直是孩子们模仿成人相爱相亲的"家庭戏剧"。

人在三岁之前，是没有自我概念的，会认为"妈妈就是我，我就是妈妈，妈妈和我是一体的"。从三岁开始，小孩子逐渐意识到独立的自我，原来"我不是妈妈，妈妈也不是我"。也就是从这个时候开始，正在个性化和社会化的幼儿开始感受到一种"内心的孤独"。会被同龄的小朋友强烈地吸引，特别渴望得到同龄小伙伴的关注和赞美，特别是异性小伙伴的关注和赞美。你还记得小时候经常玩儿的"过家家"游戏吗？不管是过去，还是现在，也不管是西方，还是东方，**几乎所有的小孩子都超级喜欢玩"过家家"的游戏——因为那是一种跟"爱情"有关的游戏。**

你看，只要是跟爱情有关的游戏，与男女情感、男女关系相关的事物，都是我们人类最最关注和牵挂的，不管你是小孩，还是成人。这一点都不奇怪，因为，爱情才是生命延续的源动力！从青春期开始，我们一直在寻找爱情，渴望爱情，殊不知，这是人类潜意识里集体植入的"繁衍程序"，是最最重要的人生动力源代码，谁也逃避不了，无法抗拒。

恋爱缔造一种全新的亲密关系

如果说西方人大都活在"自我"里，可以做自己想做的事、自己喜欢做的事和自己愿意做的事，那么，东方人，特别是中国人就是活在"关系"里，通常只能做自己必须做的事、自己应该做的事和自己能够做的事。社会心理学把这两种活法分别称为"个人主义（individualism）"和"集体主义（collectivism）"。

活在"关系"里的中国人，一辈子都为"关系"这两个字所困。我常常在培训中讲这样一句话："作为一个中国人，几乎所有的烦恼、痛苦、问题、困境等一切的不如意，其实都来源于两个字——关系。"

想想看，正在阅读本书的你，是不是也同意这样的说法呢？

小时候你上什么幼儿园，读什么小学，上什么课外班，学什么特长；长大以后要填报什么大学，申请什么工作，在什么地方定居，创业还是打工，其实都不仅仅是你个人的事情。你的父母和亲朋好友都有可能影响你。镶嵌在一张张关系网中的我们，内心有强烈的归属感需求，非常在意"别人怎么评价我"和"我的关系群体怎么看我"，很多人情愿选择"牺牲自己的意愿，成全关系的和谐"。

不难想象，面临"恋爱，结婚，生儿育女"这样的重大事件，更是中国人的"关系"情结大动荡的时刻。活在"关系"里的青年男女，其实是不堪"关系"之束缚的。特别是独生子女一代的"90后"和"00后"们，内心的"自我意识"是非常强烈的，是处于"个人主义"和"集体主义"

冲突混战的交叉地带的：一方面希望按照自己的喜好选择交往的对象；另一方面又不得不屈从于家庭的严密"监视"和谆谆"教导"。古有"罗密欧与朱丽叶"，今有"凤凰男和孔雀女"，2015年年初网上的一则《我就是凤凰男，我不完美，但我会创造完美，这样的我，你敢不敢要》的征婚帖引发热议就是最具说服力的证明（以下引用有删减）。

我出生在一个偏僻农村。年龄：30岁；身高：185cm；职业：国家垄断行业正式职工；收入：月薪8000元＋，年底有奖金；爱好：看书，旅游，投资。

我从小成绩名列前茅，是家中父母和三个姐姐的骄傲。为支持我的学业，姐姐们初中辍学便进城打工，大姐为了这个家至今未婚。我做的所有努力就是找到好工作，走出农村，摆脱贫困，让我的父母和姐姐们过上好日子。2013年我研究生毕业，就职在重点部门，目前发展稳定，待遇理想，上升平台大。

择偶要求：未婚，有正式稳定的工作，薪酬最好能和我差不多；学历至少本科以上。希望你孝顺，懂礼，身高不低于165cm，气质端庄，五官端正，无不良嗜好，生活自理能力强。最好是独生女，如果不是，希望是只有姐姐，拒绝有哥哥或弟弟者。父母通情达理，有独立住房且有养老保险及医疗保险为佳。

我暂时未购房，有车。如遇见合适的你，我家中会出部分首付，不足部分可向单位借款，剩余贷款，借款及贷款部分需由我们婚后一起偿还。关于房主的名字，我希望是写我的父母。因为我婚后父母将变卖祖屋，与我们共同生活，由我们负责养老送终，房子写父母的名字，让他们有归属感；当然，如果你已购房，我可以出装修及家电的费用，但要求就是在房产证上加上我父母的名字。婚后希望你能同意与公婆共同生活，也必须接受大姐的长住。按照我老家规律，年三十也须同我的家人一起吃年夜饭，当然，饭后可去探望你的父母。

另外，我希望婚后两人的收入交由我打理，实现利益最大化，提高家庭的生活质量。当然，如果你的父母认可我的投资能力，我也很乐意为他们效劳。

希望我心中的那个你早日出现，与我共同漫步人生路！我不完美，但我立志创造完美。

网上的评论几乎是一边倒地讥讽、谩骂征婚凤凰男的自私和狭隘。不错，帖子里确实有不少哭笑不得的择偶条件，比如最被人诟病的"房产证必须写我父母的名字"。可是，有多少人会真正理性地思考一下：为什么这位开诚布公自称"凤凰男"的帖子主人，会如此高调地发表这样一篇肯定会成为众矢之的的征婚帖呢？难道他就不怕被别人耻笑、唾骂和嘲笑吗？

可能的答案是：既然深知自己背负家庭如此厚重的欠债，自己的婚姻就已经不是自己一个人或者未来夫妻两个人的生活方式的感性选择，而是包括父母和大姐在内的全家人的未来生活方式的理性选择。与其婚后面临争执、撕扯，不如婚前说个清楚、明白。

这就是所谓的凤凰男们心中的隐痛，也是中国人谈婚论嫁插翅也难飞越的"关系网"的鲜明呈现。作为旁观者，你可以评论、讥讽、嘲笑，但你永远也不可能感同身受地"体验"凤凰男在成长的经历中忍辱负重、逐渐形成的发自肺腑的誓言的分量：我要让父母和家人过上好生活，这是我的第一奋斗目标！

因为"关系"，所以选择，这就是"关系"对于中国人的无上意义。

而"体验"——这才是男女相爱的核心词汇，却往往被"关系"两字轻易打败。美国婚姻辅导专家诺曼·莱特说过：**人们选择伴侣，不是靠眼睛所看到的，而是一连串令他们感到愉快的"关系"**。看来，不仅仅是在中国，在西方也一样看重"关系"对于谈情说爱、谈婚论嫁的深远影响。

当然，真正的相爱，一定是缔造一种独一无二的"亲密关系"，不过这种"亲密关系"的感觉，是用身心独特的"体验"来靠近和选择的。而这种亲密关系的"体验"感受，只可意会，不可言传。也因此，世界上几乎所有的国家都有《婚姻法》，却没有一个国家颁布《恋爱法》或《爱情法》，就是因为恋爱是一种独特的身心"体验"，而"体验"是无法用语言文字完全描绘和规范的。如果你非要用语言叙述、表达，就必然会删减掉无数有价值的信息，甚至出现扭曲的语义。

很多文学作品都有对爱情的经典描写，那都是作者本人的体验和想象，而一万个读者会有一万种不同的体验和感受，所以有的作家说：小说要留下让读者想象的空间。这个"想象的空间"就是自我的、独特的"内心体验"。如果我们非要用理性的语言描绘"爱情所缔造的亲密关系"是什么样子的话，也许只能勉强这样表达：爱情所缔造的亲密关系体验，是一种超越人间所有其他情感的亲密感受，不仅可以超越地域、文化、身份、地位，而且可以超越自我和家庭的关系（包括你曾经与父母的相依为命），完全是重新创造出来的一种"合二为一"的，如同正负粒子撞击产生核聚变一样的奇妙关系。明白了这个道理，相信你以后再也不会傻傻地问某某："你怎么会喜欢他？他根本就配不上你！"现在你知道了，那一定是她坠入爱河，陷入了别人完全不能理解的"恋爱的感觉"，这种威力无穷的身心"体验"，超越了理性，也超越了语言，无法言喻，也无须言喻。

恋爱是自我发展的心理需求

在我自己的成长过程中，有一段儿时的记忆是非常深刻的。深刻的记忆总是伴随着刻骨的感受。我4岁那年，家里添了一个小弟弟。从弟弟出生的那一天起，我的耳朵里就会飘来许多街坊邻居的轻言细语：有了毛弟，他们家这闺女就肯定没人管了；你说以后这闺女姥姥不疼、舅舅不爱的，怪可怜的；那也不一定，这岁数正好可以帮忙干点活儿，帮忙照顾弟弟了……

虽然街坊邻居的预言都没有成为事实，但依然有两件事让我刻骨铭心：一件事是我清晰地记得，一家人在电影院看完电影之后，高大的父亲再也不像以前那样抱着我随着拥挤的人流出场了，而是紧紧地抱着小弟弟，改由妈妈牵着我的手跟在大人的屁股后面慢慢地走出电影院。我那幼小心灵的失落、无助、郁气、妒忌的感觉直到现在仿佛还在隐隐作祟。还有一件事，同样重重地打击了我。因为弟弟的出生，我只能从父母的大床转移到一张单人床上去睡觉了！我不是怕一个人睡觉，而是突然明白了一个可怕的道理：从此以后，我再也没有机会跟父母在大床上睡觉了——这才是最惶恐的未来。我孤独地躺在隔壁的小床上愤愤地想：为什么父母就可以一直在一起睡觉，而我却要从这么小开始，就必须每天一个人孤零零地在漆黑的夜里睡觉呢？他们为什么不分开一个跟我睡呢？这个安排是多么不公平啊！

这是一段真实的感受，小弟弟小妹妹的出生，不仅会夺走父母长辈的关爱，甚至连习惯性的要大人抱抱、跟大人睡觉都成为奢侈，实在是有些绝望。前不久中国正式放开二胎以后，网络流传的曾经的独生子女"小皇帝"荣升"哥哥姐姐"之后的反差搞笑图片，在让人忍俊不禁之余，也真是替这些"小哥哥小姐姐"捏一把汗哩。虽然在长大拍拖之后，会觉得小时候的这些臆测真是愚昧可笑，但在你恋爱之前，可不就是只能一个人睡在床上，孤零零地度过一个又一个孤独的长夜嘛。

这样的儿时经历与我们要谈的爱情有什么关联呢？

心理学认为，婴幼儿与父母（特别是母亲）之间存在着一种特殊的感情纽带——依恋。这个时期的"依恋关系"非常重要，往往会影响孩子的一生。如果孩子在早期的依恋关系中体验到爱和信任，他就会觉得自己是可爱的、值得信赖的。长大后，他不仅相信父母是爱他的，而且相信别人也觉得他是值得爱和值得信任的。这种自我认知的模式将会伴随孩子的一生，不仅会对孩子早期的人际关系（如亲子关系、师生关系、同伴关系等）产生不可忽视的影响，也会对其成年以后的人际关系和婚恋关系产生深远的影响。

恋爱关系跟依恋关系有很多类似的地方，比如都是相互非常依赖，非常信任和感觉安全、亲近，甚至有学者提出：恋爱关系可能就是依恋关系。美国心理学家Hazan和Shaver在1987年发表了一篇题为《浪漫的爱可以看成是依恋过程》的论文，分析了依恋关系与恋爱关系的一些共有特征：

1.都会在另一方的身边感到安全

2.当不能亲近另一方时都感到不安全

3.都有亲密、私人性质的身体接触

4.都会抚弄另一方的面部，并都显示出相互间的迷恋和专注

5.都与另一方分享自己的发现

6.都会用肢体语言进行"身体交谈"

可见，**成人的恋爱关系与婴幼儿期间的依恋关系如出一辙，**都是基于依赖、信任、安全、亲近的亲密关系，而且从婴儿到成人的人生历程中，一个人的依恋模式基本上是相对稳定的——这也是成人依恋理论最煽情的地方，它认为一个人早年的依恋体验可能影响恋爱关系中的依恋风格，学者们对这一观点没有多少争议。

现在，你明白为什么在本节的开始分享那样一个亲身经历的例子了吧。原来在我们很小的时候（3~4岁），有可能被迫跟父母分床睡觉、上幼儿园，整天被保姆照看，甚至被寄宿到学校……这些恐怖的分离焦虑和"失宠"的记忆一直像阴影一样笼罩在心底，直到跟另一个人建立起更加亲密的关系，才开始渐渐地消退，让我们开始感受自己的成熟，了解自己内心真正的需求。

爱情不仅仅是一件人生的奢侈品，更是一种促进心智健康、自我发展的营养品。比如，爱情的"利他性"可以让相爱的男女为对方奉献爱心，就连最以自我为中心、最自私自利的人，在恋爱中也会表现出某种程度的理解、宽容和无私。这是因为恋爱中的人都会高度关怀对方的情绪情感，觉得让对方快乐和幸福是自己义不容辞的责任。即使对方有不足，也会表现出高度的宽容和接纳。

每个人的内心都渴望得到"真正的爱情"——所谓真爱，是人们内心最渴望满足的深层情感需求。人生得一知己，足矣；倘若人生拥有一份真爱，则可以抵御一切风雨，人生了无遗憾，只因为：这一路上，有你。

真爱发问神回复

◆问：为什么要先谈恋爱后结婚啊？

◆答：因为这是自然规律啊！你知道植物都是先开花后结果的对吧？人和动物也一样啊，谈恋爱就像先开花，一方面体验美好、浪漫的感受，另一方面也需要"招蜂引蝶"向世人展示一下自己可以繁衍下一代了。然后呢，卿卿我我、情投意合之后，你才愿意结婚对吧？结婚就是准备结果实了。就是这样，先恋爱，后结婚，凡事都有一个过程，顺其自然就好。

◆问：不谈恋爱会怎么样啊？

◆答：会饿啊！既然恋爱跟吃饭一样是人的本能，那换个角度想一想：如果人不吃饭会怎么样呢？当然会饿啊对不对？如果经常不吃饭的话，就会得一种叫"厌食症"的心理疾病。同样的道理，如果适龄男女总是不恋爱，心里难免会产生"空虚寂寞"或者"心理饥饿"的感觉。还有，如果单身时间太长的话，很容易产生一些心理问题，比如看不得别人成双成对，听不得别人结婚添丁，还有还有，最烦最烦的，就是父母催婚！所以说，不谈恋爱不是病，但有可能要人命呢。

◆问：早恋好不好？是福还是祸啊？

◆答：早恋好不好，要看啥结果；是福还是祸，关键看家长。你知道吗？"早恋"是中国式教育独有的词汇，专指中学生的"青春期恋情"，人家国外是没有这个说法的。其实呀，在情窦初开的豆蔻年华，男女互生好感，那真是太太太太正常了！往大了说，这是人类集体潜意识的冒泡啊；往小了说，这是一个正常人发育成熟的必由之路啊！想一想假如在中学期间，一个男生或者一个女生从来没有对任何一个异性有心动的感觉，那才不正常呢！因为对于青春期的男生女生来说，异性是自我成长的一面镜子，异性看待自己的眼神，对自己的性别角色塑造是非常重要的，可以肯定自己的性别认同，提升自信心。心理学研究发现，青春期的女孩子，如果曾经收到过两三个男生写给她的"秘密小纸条"，就会在以后的成长中更加自信；相反，这个阶段的女孩子，如果从来没有收到过男生的"秘密小纸条"，即使成绩再好也可能会有情感的挫败感。

所以说，早恋本身没有好坏，关键看结果。如果有理、有利、有节制地处理好了就是福，可以成为人生中的一份美好的青春礼物；反之，倘若过度压制甚至责罚过重，或者不加干预，任其泛滥，处理不好就是祸。能不能处理好早恋这种事，跟家长的心态和素质有极大的关系。有些父母在孩子上初中、高中的时候不让跟异性交往，上大学的时候也不准谈恋爱，可是刚从大学毕业，就开始催着结婚——天上真的能掉下个贾宝玉、林妹妹吗？要知道中国社会的两个重大问题：数量庞大的剩男剩女，还有迅猛增长的离婚率，都很可能跟长期压制"青春期恋情"有关哩，为什么？你自己琢磨去吧。

◆问：**为什么凤凰男能追上孔雀女？**

◆答：因为这个问题实在太敏感了，弄不好神也会得罪人，所以需要从两个不同的方面来回答：

首先，当然是最主要的一点，是因为相对而言，城市里的孔雀男比较少，而且多半也是优生富养的主。他们没有生活压力，对吃喝玩乐（特别是网游）、出国留学的兴致远远超过低声下气、降低身段去追哄孔雀女的兴趣，他们天真地认为恋爱、结婚都是两情相悦、水到渠成的事。这真的不能怪他们，谁让人家天生就比同龄的孔雀女成熟得晚呢？再说谁不知道孔雀男是年龄越大越吃香，搁（烙）的时间长了，个个都是香饽饽，人家才不着急哩。

可是，凤凰男就不一样了，背井离乡，孤身奋战，肩负"一人得道，鸡犬升天"的重任，当然要"短平快"地搞定婚姻大事，先让自己有个不错的归宿，再谋划"孝敬父母，回馈亲朋，光耀门楣，衣锦还乡"的大业。因为目标明确，他们会首选那些在城市里长大的孔雀女，而这些被选中的孔雀女呢，大都相对单纯，没有经历过穷困的农村生活，却偏偏又自以为是，爱心泛滥，很容易被凤凰男的独立奋斗、踏实进取的行为外加甜言蜜语、山盟海誓的承诺所迷惑，感觉自己真是命好，轻轻松松就捡了个高学历、高能力的大西瓜潜力股作为下半辈子的依靠；同样的道理，本来就奇货可居的孔雀男也很容易被不装不作、自强不息的凤凰女所吸引，上演一出出白马王子情定灰姑娘的戏码。

当然啦，也会有一些"孔雀男成功牵手孔雀女""凤凰男惺惺相惜凤凰女"的皆大欢喜配对，但纵观天南海北的大中城市，还是更多一对对的"凤凰男+孔雀女"，和一双双的"孔雀男+凤凰女"组合，造就了眼下城市里一片片靓丽的家庭风景。

趣味心理测试一：测测你的爱情观？

请按照你的直觉快速在每一道题中选择最符合你的那一项：

第1题 生活中你的饮食习惯是：

☐ 1.只吃自己喜欢的

☐ 2.不挑食，饭多、菜少

☐ 3.注重饮食健康，多为素食

☐ 4.注重满足感，饭、菜、汤、甜品

第2题 如果在酒吧里，你会选择喝什么颜色的鸡尾酒：

☐ 1.淡淡的黄色鸡尾酒

☐ 2.清新的蓝色鸡尾酒

☐ 3.神秘的紫色鸡尾酒

☐ 4.艳丽的红色鸡尾酒

第3题 一块宝石落在了森林中，但是没人去捡。你觉得是：

☐ 1.因为宝石是假的

☐ 2.因为森林太深了进不去

☐ 3.因为宝石上有咒语

☐ 4.因为宝石周围有毒玫瑰

答案请见本书附录部分。

第二章
真爱为什么那么难

　　爱情不仅不是盲目的，而且是可以解释的；揭开真爱的面纱，原来真爱是可以相互照见精神和灵魂的镜子；真爱藏着一份简单的智慧，所以，真爱很难，也很简单。

人的本性是善变

人人都知道21世纪最贵的是人才，可你知道吗？最麻烦、最难搞定的也是人才。不管是在工作中，还是在生活中，只要一牵扯到"人"这个生物，问题立刻就复杂化了。为什么呢？因为**"人"是有思想的生命体，是无时无刻不在变化的生物组织，**是其他物种根本无法企及的高级智能动物。让我们一起来看看所谓的"人"的一些匪夷所思的表现吧：

一秒钟可以换一个想法；

一分钟可以爱上一个人（一见钟情）；

一个小时可以做一堆白日梦（爱幻想）；

一天可以闪婚，一个月又可以闪离；

一年可以更新身体大部分的细胞组织，从头到脚已经不再是从前的自己……

这样的人，如此变幻莫测的"人"，你又怎能指望两个完全没有血缘关系，甚至之前都可能没见过的人，就因为某时某刻内心莫名的一阵悸动，就山盟海誓到永远，相亲相爱永不变呢？

人的本性是善变，这是造物主的安排，也是人类进化的必须。不仅仅是人类，整个世界的人、事、物，无不是随时随地变化万千的。只不过有的变化我们能够用肉眼看到，比如日出日落、春夏秋冬；有的变化是我们肉眼看不见的，比如细胞分裂、电子碰撞；还有一些变化是人类的肉眼看不到，但其他的感官可以感受到的，比如水温的变化、心情的起伏等。正因为万物都在一刻不停地变化着，水可以变成蒸气，石头可以被水打磨，泥土可以形成山丘，树木可以自生自灭……才印证了**世间的万事万物，不过是能量和信息的不同呈现**，所谓万物有灵，也不过就是**万物都会根据收到和交换的能量和信息呈现变幻**。而因为变幻，才有我们人类数百万年的演变，让你我成为与之前哪个时代都不同的现代人。

人的善变本性，在爱情的圣地表现得淋漓尽致。明星的八卦绯闻，大都与分手插足、移情别恋有关，因为大家都喜欢看这类情感变化的小道消息，以安抚自己感情生活的落寞和不确定。不同明星的粉丝阵营之间还常常会发生争执和口水战，为诸如谢霆锋与王菲的复合，胡歌的几任绯闻，李晨和范冰冰高调宣布"我们"在一起等这些跟自己的生活八竿子也打不着的事情唇枪舌剑、义愤填膺。其实有什么好奇怪的呢？明星也是人，演戏只是他们的职业，就感情而言，明星跟普通人一样，也难逃"女人善变，男人花心"的幽幽情网。普通人的恋情不也是挑来选去，变来变去吗？在爱情这个可能承载自己一生幸福的神经元上，不管是男人还是女人，都很容易发生敏感性"变异"，因为关于一生的"未来"，我们可以掌控的东西实在是有些渺小和虚妄，不得不经常采取"以变应变"的套路，来应对自己内心的隐隐不安。

明白了"人性善变"这个道理，以后你再听到下面的抱怨，还会打抱不平吗？

"当年他追我的时候嘴像涂了蜜似的，天天哄我高兴；现在倒好，一天到晚也不跟我说几句话，郁闷死了。"（今非昔比，时过境迁，你还是那个羞涩娇艳的小女孩吗？可爱的小猫咪和威严的母狮子能用一样的声音和方式交流吗？）

"他真的变了，手里有点儿钱就开始花心，男人有钱就变坏，真是一点不假。"（没钱的男人也有变坏的呀！还有，女人有钱以后也会变吧。再想一想，当男人有钱有地位了，女人会怎么对待这个男人呢？）

"上次见面还说非我不嫁呢，今天就跟我提分手，这女人的心真不靠谱啊！"（女人心，海底针，对于女人而言，变心才是常态，特别是她拿不准是不是值得把一生的幸福托付给你的时候，就会用各种战术考验你，直到确定你真的可以包容她的千变万化。所以，用温和的语气好好问问她究竟为什么会有这样的变化，也许会有意想不到的收获哩。）

"她居然跟我说她前男友回来找她了，她决定还是跟我做好朋友，没天理啊！"（是时候清醒过来啦——备胎转正的希望太渺茫了，不如找另外合适的车子装上吧。爱情这个东西，很多感觉都在潜意识，喜欢不是爱，就像木材不是钢板，各有各的用处，勉强不来的。）

"一个是我的男朋友，一个是我最好的闺蜜，居然同时背叛了我，以后我还能相信谁？"（恭喜你！还没有结婚遇到这样的事情，你应该高兴才对。如果已经结婚，可能伤害更大。该发生的迟早都会发生。如果你仔细回想一下，应该就会发现，你的前男友跟你的闺蜜其实早就互生情愫了，只是你自己内心抱有侥幸，不愿意承认罢了。）

"我再也不相信爱情了，天底下没有不变的心！与其受伤害，还不如不爱。"（真的吗？你有没有想过：再美丽的鲜花，也有凋谢的时候，难道，因为迟早要凋谢，花儿就不绽放了吗？如果说人生是一段旅程，爱情就是其中最美丽的风景，要不要跳过这一段，孤寂一生，你自己看着办吧。）

真爱是人生的奢侈品

知己难觅，真爱难求，茫茫人海中，知心能几人？

相遇滚滚红尘，有一种默契叫作心有灵犀，有一种理解叫作高山流水，这是"知己"；还有一种思念叫作魂牵梦绕，有一种陪伴叫作天荒地老，这是"真爱"。

"知己"和"真爱"都是难得的缘分，可遇而不可求。两者相同的是，"知己"和"真爱"都要通过"交心"才可以发现，经历磨难才可以确定；但两者又有本质上的不同，知己不一定是真爱，而真爱一定是知己。也就是说，"真爱"的前提是彼此要先成为对方的"知己"——当"知己+真爱"合为一体，你说奢侈不奢侈？

既然真爱是人生的奢侈品，当然就需要花很多的"财富"去换取不是吗？只可惜可以换取"真爱"的"财富"，既不是金钱，也不是车房，不是任何有形的物品；而是要"真心"地付出和努力，付出一辈子的"心力"，努力一辈子的"成长"，既要两个人智慧的交融，又要两个人由内而外的改变和契合。

这个世界人人都呼喊着寻求真爱，却并没有多少人有足够的耐心和勇气去承担一份真爱——真爱往往不会让我们在生活中获得现实的实惠，常常是先给予我们精神上的愉悦，并由此带给我们直面现实与精神的艰难博弈；真爱也总是喜欢给我们描绘美丽的愿景，让人感觉妙不可言，却需要用一辈子的"心力"去培育、去创造属于真爱的独特风景。

真爱往往最终成就的是一幅两个人携手一生、苦中作乐的人生画卷，未必辉煌灿烂，却一定让人唏嘘不已。

　　我们都知道林徽因与梁思成和金岳霖的爱情故事：

　　有一天，林徽因对梁思成说，她苦恼极了，因为自己同时爱上了两个人，不知如何是好。林徽因对梁思成毫不隐讳，坦诚得如同小妹求兄长指点迷津一般。梁思成痛苦至极，苦思一夜，第二天他镇定地告诉妻子：她是自由的，如果她选择金岳霖，祝他们永远幸福。林徽因又原原本本把一切告诉了金岳霖。金岳霖的回答更是率直坦诚得令人惊诧："看来思成是真正爱你的。我不能去伤害一个真正爱你的人。我应该退出。"

　　从那以后，他们三人毫无芥蒂，金岳霖仍旧跟他们毗邻而居，相互间更加信任，甚至梁思成林徽因吵架，也是找理性冷静的金岳霖仲裁。

　　五十年代后期，林徽因去世，追悼会上，金岳霖为她写下"一身诗意千寻瀑，万古人间四月天"的著名挽联。后来，有人请金岳霖写一篇有关林徽因的稿子，他一字一顿、毫不含糊地说道："我所有的话，都应该同她自己说，我不能说，"他停了一下，显得更加神圣与庄重，"我没有机会同她自己说的话，我不愿意说，也不愿意有这种话。"他说完，闭上眼，垂下了头，沉默了。

揭开真爱的缥缈面纱

有人说，爱情是盲目的，但是，心理学家告诉我们：爱情不仅不是盲目的，而且是能够被解释的。

美国的心理学家Nathniel Branden教授是这样解释"爱情"的：我们可以通过眼睛看到所有实际存在的东西，包括自己的身体，甚至通过照镜子"看见"自己的眼睛；但是，我们没办法看见自己的思想、精神和灵魂，比如信念、信仰、价值观等，这些看不见的"东西"让我们有些不安和不确定，我们希望像看见其他真实存在的物质一样"看见"它们。那么，究竟有什么方法，能够让我们"看见"这些无形的存在呢？

心理学家的回答是：只有通过另一个跟我们一样有意识存在的人！如果有这样一个人，能够看见我们的"精神和灵魂"，并且能够通过互动把他"眼中"的所见所闻反馈给我们，那我们就知道自己的灵魂也是可以被看见的了。换句通俗的话来说，就是：总有一个人（实际上肯定不止一个），可以像镜子一样，照见我们的灵魂。

所谓真爱，就是那个能照见你的精神和灵魂的人！

如果有这样的一个人出现，你就会很容易爱上他/她。

举个例子，一个性格外向、活泼可爱的女孩子，对生活充满热情，对他人充满爱心，总是不遗余力地帮助别人，大家都夸她是一个好女孩，也都乐于享受她的爱心。直到有一天，她遇到了一个男人，这个男人不仅读懂了她的热情和自信，跟着她一起播撒爱心，而且"发现"了女孩子柔弱的一面，总会在女孩子需要帮助的时候出现在她的面前，给予她温暖的支持和鼓励。你说，面对这样的男人，女孩子会不会动心呢?

这个男人就像镜子一样，照见了女孩子的内心。当女孩子发现在这个男人的身上，不仅"看到"了跟自己相同的精神、品质、信念、价值观和行为模式，而且从男人的眼中，看见了自己的背面，形成了一个全息的自己，仿佛真正找到了自己在这个世界上存在的感觉。所以答案是：女孩子很容易爱上这个真正懂她的男人。

正是因为真爱是一种无形的精神存在，所以人们在追求她的时候感觉有点虚无缥缈。在现实生活中，与其说真爱是披着缥缈面纱的女神，不如说她更像一块璞玉，因为真爱一定是带着问题而来，需要打磨掉外层的石皮才会发出璀璨之光。

心理学告诉我们：问题从来都不是问题，你怎么看问题才是问题；问题都是带着包装的礼物，只是需要你用正确的方法去打开（有时候就像剥洋葱一样，一层又一层的刺激会让你泪流满面），才能发现里面的礼物，而这些上天为你量身定制的精美礼物往往都与"成长"有关。

回到我们有关真爱的话题，无论是披着缥缈的面纱，还是裹着坚硬的石皮，真爱带来的问题至少需要做两门基本功课才能过第一关：一是在小我的层面，让自己成为真正的自己；二是在大我的层面，发现更高的意义。

➤ 真爱带给小我的功课：
先搞清楚自己是谁，让自己成为真正的自己。
因为只有当两个真我相遇，真爱才可能产生。
关于"我是谁"，有一个风靡一时的漫画表达得特别到位：

一个缺了一小块角的圆很烦恼，觉得自己缺了一角不够完美，于是出发去寻找那块丢失了的角。因为不是一个完整的圆，所以行走起来没有以前那样快。刚开始它很着急，后来慢慢发现周围的事物是自己以前从来没有注意到的。它可以边走边和路边的小草小花聊天，还可以与鸟儿共进午餐，周围的一切对它来说都是那么新奇、有趣，自己以前根本没有发现生活是这样充满生机。就这样在寻找缺失的那个角的过程中，它忘记了烦恼。终于有一天，它找到了自己缺的那一个角，不大不小刚好装上。可是，它还是觉得好像缺了点儿什么。原来，它变成一个完整的圆后，行走起来像一阵风，根本停不下来，不能再和路边的小草小花聊天，也不能再停下来欣赏美妙的风景。这个时候它才发现：原来那个缺了一个角的圆才是真正的自己。虽然不完美，但却是真正的自己。

要想遇见真我，只有一个办法——成长，褪去外层的保护层，遇见未知的自己。

➤ 真爱带给大我的功课：

两个素朴、智慧的真我相遇，产生了纯洁、美丽的真爱，除了相亲相爱、传宗接代以外，还有什么更高的意义吗？

答案是肯定的。真爱绝不仅仅是为了两个人更和谐地在一起吃喝拉撒睡，而是为了一起成长和修行，相互支持和鼓励对方把缺失的那一块角慢慢地变小，直至"愈合"，变成最好版本的自己。然后，两个圆形成一对车轮，支起一个平台，一起上路，帮助那些需要帮助的小花小草，或者给小鸟喂食，让沿路的风景变得更美。

是的，真爱是有使命的，真爱的神圣使命就是：让两个真我通过解决一个又一个问题，一起改变、修炼、成长、契合，然后，两个最好版本的真我共同成就一份大爱，温暖人间，照亮人心。

现在你知道了，**"真爱"的本质就是一门有关修行的人生功课，**它的核心是"改变自己"，它的目标是"成就大爱"，它的功课是"解决问题"，它的时间限定是"一生一世"。

揭开缥缈的面纱，褪去坚硬的石皮，真爱就变成了赤裸裸的成长功课。如果你不愿意面对这样"残酷"的真相，那么，你的恋爱、婚姻、家庭生活都只能是曲曲折折、磕磕绊绊，一遍又一遍地重复"过去的经历"，或者硝烟弥漫，或者冷若冰窖，又或者是半死不活。究竟要怎么转变，相信你已经清楚了，关键是：你有没有信心和勇气去行动、去尝试、去改变。

真爱很难，也很简单

真爱很难，因为需要两个人一起打磨和改变，让两个人都变得更好；真爱其实也很简单，只要两个真我在一起，就能产生真爱。因此，真爱的前提是：两个人都要有勇气面对真实的自己，探索真我，成长自我。

那么，看似简单实则高深莫测的问题来了：到底什么是真我？

关于"真我"，是有关"我是谁？我从哪里来？要到哪里去？"的终极哲学问题，有太多的说法和探讨，在这里，只能从真爱的实用角度来探索一下"真爱"的浅显寓意。

真我，是佛教的常见词汇，亦称"大我"，意思是真正的我。佛说：若要学佛，必先明心。明心才能见性——这个"性"，就是本性，也是真我。证净法师也阐述过：学佛首先要找到"真我"，也就是要认识自己本来的自性。什么是自己本来的自性呢？为什么需要明心才能见性呢？这就需要从心理学上探讨一下了。

心理学把人的意识分为**显意识和潜意识**，显意识就是你能认知、感受到的意识，比如你的思想、你的行为，喜欢什么、不喜欢什么；而潜意识是你虽然不能认知、感受到，却时时刻刻在控制你的"潜伏的意识"，比如你看见凶猛的老虎就跑，激动起来就跳，等等。一般来说，我们对自己的了解，更多的是在显意识层面，而对于潜意识的自己，却很少了解和明白。中国台湾著名情感作家张德芬在《遇见未知的自己》这本书里写道："**小我"是自我保护的一种方法，是你认为的自己**；"真我"才是真实的自己，而最能表达自己的却是"潜意识"。也就是说，大多数人都是不太了解自己的。因此，学着让"小我"与外界沟通，了解自己的潜意识，会更好地了解自己，找到真正的自己。

进入真爱中的恋人，不仅进入了一段浪漫的旅程，更是开启了一段心灵探索与成长之旅。**一个人在爱情中最大的冒险，不是看到对方的优缺点，而是觉察到自己原来有着超乎想象的自卑、依赖、脆弱、伤感……**你会在五味杂陈的恋爱中发现，自己似乎真的没有那么自信、坚强、完美、洒脱，一些曾经坚信不疑的信念也开始动摇，比如：我绝不会乞求别人的感情！很多从小在爱的蜜罐中长大的"85后""90后"，在遇到真爱之前，做梦也想不到自己会因为恋上一个人而茶饭不思、度日如年，一颗傲骄的心开始变得敏感脆弱，甚至会觉得是因为自己不够好、不够完美，所以才得不到心仪的人的关注和认可。男孩子常常会在追求女孩子的时候说：我有什么地方不好的，只要你告诉我，我一定改！

当爱情来临，变化就开始了。这不仅是探索自我的开始，也是找寻真我的开始。在谈恋爱之前，你可以掩盖自己，因为你跟别人没有那么亲近，可以披着一层保护色生存；可是在谈恋爱之后，你的一言一行、一思一想，都会被几乎零距离相处的恋人看在眼里，记在心上，你的真实性情也会渐渐暴露无遗。如果你们还想发展恋情，那么，两个人必须根据对方的回应和感受开始改变自己的思想和行为，甚至性格和好恶，这个改变的过程将一直存续在你们的关系之中，直到两个人的关系终结为止。

现在你相信了吗？原来爱情是发现真我的一个过程，爱情是有关改变的人生功课，这门课程永远不会结业，直到生命的终结。

让我们来看一个案例：

一位从小娇生惯养的女孩子，从出生到上大学之前，一切都由强势的母亲全面包办，而且给女孩子存下了一辈子都花不完的钱。女孩子温柔、漂亮、学习成绩非常好，人生似乎只剩下了享受和幸福。没想到出国读大学的她，在校园里遇到了一个"他"，才发现自己原来是个"爱情弱智"+"生活弱智"。两个人经历了一段死去活来的爱之后，"他"以她"什么都不会做，连自我都没有"的理由，毫不留情地抛弃了她，另找了一个看上去貌似哪个方面都不如她的女生。这个娇生惯养的女孩子这才发现，原来自己的娇贵在爱情的面前一点用都没有，内心的自我价值一下子崩溃，直接抑郁了，不想活了。

这个目光呆滞的女孩子来到心理咨询师的面前时是完全没有能量的状态。然而，经过几次有关自我探索的心理辅导之后，女孩子意识到自己必须改变，必须做真正的自己，而不是父母笼罩下的自己。当她再次出国回到大学校园时，同学们都觉得她好似换了一个人。一年以后，她不仅有了一位非常优秀的男朋友，而且暑假期间还在外面打工挣学费，成为老板和同事眼中"最努力、最勤奋的员工"。她非常开心，觉得自己分分秒秒都在努力活出真正的自己。

既然真爱与真我息息相关，那是不是一定要找到完整的真我才能拥有真爱呢？还有，需要多长时间、怎么去做才能找到全然的真我呢？

要回答这个问题，不妨跟我到不丹这个国家看一看。

据说，不丹是一个幸福度最高的国家之一，也是世界上唯一不以GDP（国民生产总值）而是以GNH（国民幸福指数）为标准考核国家实力的国度，国民幸福指数主要由教育、健康、环境、管理、文化以及国人内心的幸福感共同组成。

不丹人对环境生态的保护，可以说到了严苛的地步。不丹禁止在溪河里捕鱼钓鱼，禁止开采山中的珍贵矿石；不丹还是全球唯一持续增加绿地的国家，每砍掉一棵树，就必须重新种两棵，全国近3/4的国土为森林覆盖，居亚洲第一。不丹人喜素食，不杀生，饭桌上如有肉类，也是从印度进口的。如果你在不丹的道路上行走，你会惊喜地发现，不丹的道路堪称全世界最棒的动物园，一路上全是牛、羊、猪、马、猴，即使在不丹最大的城市廷布遇见黑熊、野猪也不算稀奇。

每一个不丹人都似乎永远在微笑。追求开心，是不丹人唯一的愿望。"够了"是不丹人说得最多的两个字，一位笑容满面的不丹妇女说："我的生活虽不富裕，但我的欲望不高，吃饭有两个菜就够了，我自己给老公、小孩做衣服，老公赚钱，回家会帮我烧饭。小孩上学免费，年轻人结婚，由政府分配土地，我们的工资够日常开支。我们不丹人都有信仰，因此在我眼里，一切都很美好。"

说了这么多不丹的美好，其实是想引出不丹的一位德高望重的仁波切（活佛）对于"真我"的告诫。有人问："什么是真我？为什么我总找不到真我？"他温和地回答：**没有真我**，如果执着地追求一个没有的东西当然会很累，其实我们每一刻的当下都是真我，觉知、觉察，身心一体，就是真实的自我。

没有真我——多么醍醐灌顶的一句话！从一位仁波切的嘴里说出来，似乎有着超乎寻常的震撼力量。也许，我们真的需要放下在脑海中对所谓真我的孜孜以求，而回到用心觉知、觉察当下的自我、当下的环境，全然地接纳自己当下的心情与感受，开启身心一致的修炼之旅，请相信，真我就会不知不觉地伴随着你走过人生，经历爱情。

带着这样的感悟，一起来看一下在不丹这样一个美丽而神秘的国度，恋爱、结婚是个什么状况呢？

你可能想不到，在不丹，是没有"结婚证"这个东西的，不丹人无法理解结婚还需要什么凭证。虽然几年前不丹制定了一夫一妻的法律，不过只要双方同意，仍然可以一夫多妻或一妻多夫。他们认为"婚姻"就是一个最大的笑话，因为有"婚姻"这个制度，才有"离婚"这个现象。在不丹，只要男女住在一起，就算是结婚，不需要仪式；如果一方离家出走，就造成了离婚的事实，当然也不需要办理任何手续。但是，在这个婚姻制度混沌模糊的国家，家庭观念却非常重，两个人一旦决定住在一起，很少会离异。男女在家庭中的地位基本平等，女性的分量可能更重一些：由女性做更多的决定，遗产也传女不传子，因为他们认为男人可能离开，而女人一定会留下来一直抚养孩子长大。

现在，你明白香港影星刘嘉玲为什么拽着梁朝伟到不丹举行婚礼了吧？原来真爱也藏着一份简单的智慧：当两个人都返璞归真，活在真实的自我（真我）里时，也就不会因身心不一致的患得患失纠结了，也就无所谓"真爱"和"假爱"的区别了——这也许有助于我们从另一个更加自然的角度去理解"真我"和"真爱"的寓意吧。

真爱发问神回复

◆**问**：一见钟情是真爱吗？

◆**答**：也许是，也许不是，但一见钟情的这个人跟你有很深的缘分是可以百分百确定的。中国台湾著名情感作家张德芬说过：如果你碰到让你一见钟情、似曾相识又怦然心动的人，那一定是上天托他（她）给你带来了重要的人生功课。这个人可能帮助你一起完成这门功课，也可能是来折磨你、考验你，甚至侮辱你、伤害你的，这要看你自己的功力到了什么境界，也要看对方的修为在什么层级，会用什么样的方式来完成他（她）自己的功课。

曾经轰动一时的大片《泰坦尼克号》演的就是这样的一段缘分：

穷画家杰克（莱昂纳多·迪卡普里奥饰演）在泰坦尼克的甲板上对年轻的贵族少女露丝（凯特·温丝莱特饰演）一见倾心，在贵族聚集的头等舱和平民聚集的三等舱之间展开了酸涩而浪漫的追求，两个人在三天之内完成了从相识、相恋到永别的全过程。就在他们不顾世俗的偏见坠入爱河时，夜幕中的泰坦尼克号撞上了冰山，"永不沉没的"泰坦尼克号面临沉船的危机，露丝和杰克刚萌芽的爱情也将经历生死的考验，最终杰克把生的机会让给了露丝。当年轻的杰克哆嗦着说出最后一句话"你一定要活下去"后，缓缓地沉入水底，那一刻，他完成了人生最重要的功课，留给露丝一个永不磨灭的信念，那就是"一定要活下去"。而露丝，也从跟杰克生离死别的那一刻起，就不再是为自己活着了，而是为两个人虽然只有短短三天却刻骨铭心的真爱而活，这门功课花费了她整整一辈子的时间，直到沉没的泰坦尼克号重见天日，老态龙钟的露丝讲完这段哀恸天地的爱情之后，把那串价值连城的项链"海洋之心"再一次抛向大海，让它陪着杰克和这段爱情长眠海底，她的这门功课也才算是修成正果了。

看完这个故事，你还会对一见钟情那么期待吗？原来**一见钟情是上天送来的功课！**这门功课有可能是必修（你们一定会坠入爱河），也可能是选修（可能爱也可能擦肩而过，但一定会相遇），有可能是长修（可能会结婚或可能一辈子苦恋），也可能是短期进修（潇洒分手不说再见），你喜欢哪一种？会不会从现在开始，对"一见钟情"有点焦虑紧张了？

那么，如果碰到一见钟情，你该怎么办呢？张德芬的建议是：先尽情地享受，在他（她）的陪伴下做好功课，然后，该放手的时候就放下，忍痛割爱也好，弃之如履也罢，缘分已尽，多恋无益。再然后，继续完成需要一个人修行的复习、考试的部分，在绵绵无尽的思念中，或者在遥遥无期的悔恨中，慢慢达成内心的自我完整与圆满，在"爱"与"情"的这门功课里醒悟、晋级。

◆**问：我的爱情像鸡肋怎么办？**

◆**答：**说出来你也许不相信：**鸡肋有可能是真爱哦！**因为鸡肋式的爱情，也意味着长期的陪伴和若即若离的交往状态，是一种很深的缘分，只是还缺少一段"山崩地裂"的轰轰烈烈的经历。不是不到，只是时机未到啊！不信，你"忍痛割爱"试试看，真的会痛啊！当然，鸡肋爱情究竟是不是真爱则需要用心觉察一下这是什么样的鸡肋：是心灵的鸡肋（在心灵上对对方有很深的依赖，身体却没有感受到激情闪电），还是世俗的鸡肋（主要是在外在的身份、地位、物质上离不开对方），前者90%是真爱，后者90%不是真爱。相不相信这个推理的数据并不重要，重要的是可以帮助你多一个角度来辨析真爱。

◆问：**不是真爱可以结婚吗？**

◆答：当然可以！**真爱的本质是成长**，已经有了谈婚论嫁的缘分，是不是真爱，主要就是看你们在一起改变和成长的决心了。如果两个人都愿意为对方敞开自己、改变自己，就可以逐步走向真爱；反之，即便刚开始感觉是找到了真爱，结婚以后却不再交流、改变、提升，曾经的真爱也会慢慢变味，最终腐朽塌陷，导致婚姻解体。所以说，**恋爱是一个了解的过程，真爱是一段挑战的征程，结婚既是修行的道场，也是冒险的游戏**，就看你想结什么婚，结婚以后想怎么牵手一生了。

◆问：**同时爱上两个人怎么办？**

◆答：一个最简单的方法，**先列清单**！记住，关键是要写下来，而不只是想想而已。给自己一个独处的时间，静下心来先好好想一想，然后书面回答下面的清单问题：

1.跟谁在一起更舒服。可以不洗脸不化妆不打扮也不心慌意乱，可以想吃啥就吃啥不怕发胖难看，可以想说什么就说什么不担心给对方留下什么印象。

2.自己究竟想要什么样的婚姻生活。是出人头地享受型的还是平平淡淡过日子型的？是两个人的小日子更重要还是两边的大家庭更重要？是喜欢工作与生活两不误，还是更倾向男主外女主内？是喜欢控制别人还是喜欢被人控制？

3.列出他们两个人各自的优缺点10个（使劲儿想，这可是一辈子的大事），然后从0~10分逐一打分（见下页上的表）。优点得正分，缺点得负分，相加得出总分，然后进行对比。

进行完上面三个步骤以后，你也许需要跟两个人都做一个有效的沟通

（怎么沟通你看完本书就知晓了），再感受一下到底谁更能够带给你想要的婚姻生活状态，然后，你就自然知道该怎么做啦。

列清单——你眼中TA的优缺点

注：**本表打分规则：**优点是按照你满意的程度打分，最满意是10分，比如你对对方的外貌非常满意，就可以得10分。缺点则是按照你不满意的程度打分，最不满意得10分（是负值），比如对方玩游戏，每天晚上都要玩到深更半夜，你完全接受不了，就可以得10分；如果不是每天玩儿，只是周末玩儿一下，但往往控制不住，一玩儿游戏就忘记你们约定的事情了，就可能得6~7分。依此类推，完成表格的内容，你就会发现心里清晰了许多。**这是一个"理性+感性"的自我探索过程，用心做一下，会很有帮助哦。**

序号	优点（0~10分）	得分	序号	缺点（0~10分）	得分
1			1		
2			2		
3			3		
4			4		
5			5		
6			6		
7			7		
8			8		
9			9		
10			10		
11	优点得分合计		11	缺点得分合计	
12	优点得分减去缺点得分，最终得分				

趣味心理测试二：测测你的爱情观的层级

根据你的直觉想法，快速在每1道题目里选择1个答案（注意10道题都是单选题）：

第1题　你认为谈恋爱的目的是什么？

A.最终找到一个情投意合的人，步入婚姻的殿堂

B.过甜蜜的两人世界，不受外界的打扰

C.为了生理需求，传宗接代

D.两个人在一起更好玩，目的不明确

第2题　你择偶的标准是什么？

A.外貌好，有气质，看着养眼

B.能干，有事业心，有前途

C.心地善良，为人正直，好相处

D.只要爱我，其他一切都无所谓

第3题　你期望通过哪种方式认识你的恋人？

A.从小就在一起，两小无猜

B.偶然艳遇，激情浪漫

C.在相处中日久生情

D.通过相亲或经人介绍

第4题　你感觉什么方式最能让爱情长存？

A.一切为对方着想，完全奉献

B.共同进步，一起成长

C.不断创造激情，营造浪漫

D.没办法，爱情是无法保鲜的

第5题　你觉得从恋爱到婚姻需要多长时间？

A.趁热打铁，越快越好，可以闪婚

B.根据感情发展的趋势决定

C.起码一两年吧，相互了解多一些

D.如果两情相悦，只要对方提出求婚，就同意

第6题　你会用什么方法摸透恋人的心思？

A.如果有必要，不惜请私家侦探

B.平时注意观察，主动交流

C.通过朋友打听恋人从小到大的经历

D.爱情这种事，当然要相信自己的直觉

第7题　因父母阻挠，爱情出现了波折，你会怎么解决？

A.积极协商，说服父母，表示彼此相爱的决心

B.非常矛盾，纠结痛苦，不知道该怎么办

C.必须听从父母意见，就此分手

D.也许父母有道理，先凉一凉再说

第8题　如果对方移情别恋，提出分手，你会怎么办？

A.动之以情，晓之以理，百般挽留

B.把对方的变心当成罪恶，到处宣扬

C.潇洒地转身，理智地放手

D.咨询朋友或婚恋专家，希望得到援助

第9题　你发现恋人欺骗了你，你会怎么办?

A.后悔自己没看清对方的真面目

B.一定要想办法狠狠地报复

C.选择分手，吸取经验教训

D.感到自己很失败，难以自拔

第10题　你发现恋人身上暴露出很多问题，你该怎么办?

A.用合适的方法提醒对方

B.不知所措，说也不是，不说也不是

C.怀疑恋人不合适，重新物色恋人

D.这个世界谁也无法改变谁，听之任之

答案请见本书附录部分。

第三章
灵魂伴侣在哪里

在茫茫人海中寻找灵魂伴侣，是一件疯狂的事；即使在路口遇见，也很容易擦肩而过；用你的心给你的灵魂伴侣画像；做一个灵魂有香气的人，吸引高能量的灵魂伴侣。

真的有灵魂伴侣吗？

　　说到灵魂伴侣，就避不开"灵魂"这个敏感的字眼。究竟有没有"灵魂"这个神秘的存在，不是本篇探讨的话题。一个人相不相信灵魂的存在，并不妨碍他/她去寻找灵魂的伴侣。就像在催眠的前世回溯中，你相不相信有"前世今生"并不重要，重要的是你可以用这种方法解决你现实中的一些问题。你相不相信"灵魂"存在并不重要，重要的是：假如你相信"灵魂伴侣"的存在，那么你会在寻找真爱的过程中能感受到一些神奇的心灵感应，而这些神奇的心灵感应，是源于你深层的潜意识，或者说是你的直觉的智慧。

　　灵魂，也可以解释为"精神""灵性"，或者"最深层的潜意识"，所谓"灵魂伴侣"，也就是两个人在精神的层面、在灵性的层面、在很深的潜意识层面，有很多相同和契合。说得通俗一点，就是两个人的信念价值观比较一致，比如都喜欢"助人为乐"，都崇尚"英雄好汉"，都愿意"顺其自然"，都同意"君子爱财，取之有道"……表现在行为层面，两个人对很多事情的看法都会"心有灵犀一点通"，解决问题的方法也会"不谋而合"。打个不太恰当的比喻，就像两台电脑的软件程序如果是一样的话，这两台电脑就可以相互兼容运行，这两台电脑也就更容易联机工作；反之，如果两台电脑的软件程序不兼容，那么，这两台电脑是没办法联机工作的，除非升级或者重装。

　　解释了这么多灵魂伴侣的含义，有人会着急了：别说那些没用的东西了，快告诉我，灵魂伴侣在哪里？灵魂伴侣长什么样？

大家还记得爱神丘比特发出的真爱之箭射中了什么吗？是两颗心对不对？**天使丘比特的爱神之箭把"两颗心"穿在了一起！**

是的，所谓的"灵魂伴侣"不在别处，而是在你的心里！

如果说世界上真的有灵魂伴侣，那一定是两个前世有缘、今生有分的灵魂的相遇。其实，这个奇妙的缘分一点也不玄虚，你的灵魂伴侣跟你的父母和你自己小时候的成长经历密切相关。

著名瑞士心理学家荣格发现，每个人的心里其实都住着一个男人，也住着一个女人，他给男人心中的女人命名"阿尼玛"，给女人心中的男人命名"阿尼姆斯"。他还说，从某种意义上来讲，男人心中的阿尼玛和女人心中的阿尼姆斯，就是容易一见钟情的灵魂伴侣的样子。

为什么说一个人的灵魂伴侣与父母和小时候的成长经历有关呢？荣格认为：在个体的显像中，男人心中的阿尼玛通常受到母亲的很大影响，这种影响可能是积极的，也可能是消极的。比如一个男孩子的母亲是一个女汉子，如果这个女汉子母亲虽然强势、控制，但是积极进取、性格开朗、充满爱的正能量、从不打骂孩子，那么，这个母亲对男孩子的影响多数都是正向积极的；相反，如果一个女汉子母亲非常强势、控制，脾气暴躁，对孩子非打即骂，总是无节制地发泄一些负向情绪，那么，这个母亲对男孩子的影响更多的是负面的，这个男孩子内心的阿尼玛也容易是强势、控制、急躁的。

现在，你知道你容易被什么样的异性所吸引，也明白为什么你吸引的异性都容易是同一种类型的了吧？如果你是一个女性，你会发现你心中的那个他，都会跟自己的父亲有一定的连接，对吧？你也肯定想知道：男人心中的阿尼玛到底是什么样子的呢？积极的阿尼玛和消极的阿尼玛会有什么不同呢？

给你的灵魂伴侣画像

男人心中的阿尼玛一定会受到母亲，或者是家里很有威望的其他女性长辈，也可能是一个女老师，或者是一个女同学的影响的。**男人心中的阿尼玛历经四个阶段，有四个层级的不同形象。**

第一个阶段是在初恋和青春期的时候，最完美的象征就是**"夏娃"**的形象。在这个阶段，男人很容易被类似"夏娃"这样的女性强烈地吸引，甚至有些男人一辈子就停留在这个"性吸引"的阿尼玛阶段。

夏娃有哪些特点呢？年轻、漂亮、性感、单纯，充满原始的本能诱惑。处于第一个阶段的男性，荷尔蒙迸发，很容易陷入这种充满性感活力和原始诱惑的女人的"情网"中不能自拔。了解了这一点，就不会奇怪为什么青春期的男生会偷偷地观赏大尺度裸露的女性艳照和A片了。这个层级的男性被"夏娃"吸引以后想干什么呢？当然是占有，是的，是占有，梦想占有她的身体，她的心灵。

第二个阶段是最有寓意，也是对找寻灵魂伴侣最有帮助的一个阶段。第二个阶段的阿尼玛有很多形象，有积极的也有消极的，像嫦娥、女巫、妖精（恶毒少女）等，这些性格彰显的女性穿越到现在，就可能是那些性格鲜明的职场女性，特别是女汉子。这个阶段的阿尼玛就属于我们常说的"女人不坏，男人不爱"的女人，除了年轻、漂亮、性感、诱惑之外，还有了一定的意识和思想。这个阶段的阿尼玛容易两极分化：一种是正向进取的"妖精"，比如范冰冰、章子怡、刘晓庆等这些卓有成就的一些女明星，她们都有"妖"和"精"的一面，这是一种本能的展示，也是一种俗世的修为；另一种是有些负向的"恶毒少女"，以欺负、蛊惑男人为乐趣，比如一些很霸道不讲道理的"神女"——注意不是"女神"，是"神女"，神女就是神经女。在这个阶段，刚刚对爱情有点感悟的男人很容易带着自己的"阿尼玛过滤器"筛选自己的灵魂伴侣。

2004年，82岁的杨振宁迎娶了28岁的翁帆，轰动一时。有学者研究后发现，28岁的翁帆长得很像杨振宁已经过世的太太年轻时的模样，而且两个人都曾是杨振宁的学生。在杨振宁的"阿尼玛过滤器"中，显然对这种长相和气质的女学生情有独钟，这与母亲给他的影响是分不开的。杨振宁回忆起母亲的时候说：裹着小脚的母亲，教给了我一生受用不尽的知识。

一个只念过几年私塾的女人，在儿子6岁以前就教会他认了3 000个字，这个女子想必不仅绝顶聪明，更是有着那个年代的旧式妇女没有的学习智慧。杨振宁就是靠这样一个妈妈启蒙的，他说：如果你要问我，我母亲除了养育我，除了教我3 000个字，还给我留下了什么，那么我想说，她留下的，是使我了解到有坚强意志的信念，是一种无比的力量。

现在，你明白为什么杨振宁对某种长相的女学生"情有独钟"了吧，因为那是他心目中的阿尼玛啊！

再想一想张艺谋的几任"谋女郎"，周星驰的数个"星女郎"，都仿佛是从一个模子里倒出来的，你是不是有点恍然大悟、茅塞顿开的感觉了呢？

也许你对第二阶段的阿尼玛有点不是那么满意，想象肯定是第三阶段的阿尼玛更好更适合做灵魂伴侣。是的，没错，第三阶段的阿尼玛确实更完美，更适合做灵魂伴侣。可是，你有没有考虑过，你配得上吗？

第三阶段的阿尼玛都是"女神"——遥不可及的仙女和女神！ 比如神仙姐姐、七仙女、阿诗玛……如果说第二阶段的阿尼玛还是小我小爱的阶段，到了第三阶段，一定是大我大爱的心灵之爱了。

第二阶段与第三阶段的阿尼玛对男人的吸引过程是有所不同的。第二个阶段的阿尼玛，开始会很强烈地吸引男人，可是如果你是负向的阿尼玛的话，过一段时间之后，男人就会觉得你是个累赘。有一部国产电影《撒娇的女人最好命》说的就是这样的故事。男主角（黄晓明）和女汉子（周迅）青梅竹马，开始的时候黄晓明觉得跟周迅只是哥们儿，对周迅的暧昧表达完全没有感觉，很快被另外一个会撒娇的女人深深地吸引住了，觉得很新鲜、很好玩儿。黄晓明渐渐地发现，有个时刻发嗲、撒娇、任性的女朋友好累好累啊！他这才感受到原来周迅这个女汉子才是最适合他的真爱，于是他赶紧回过头来一阵表白，终于挽回了这段曾经被视为"鸡肋"的真爱。

第三阶段的阿尼玛对男人的吸引就完全不一样了。开始的时候男人可能会有些忐忑：我配得上这个女神吗？我可以爱她吗？但是，如果一旦有幸跟这样的女人恋爱、结婚，试想一下，他会轻易地离婚或者背叛吗？她是他心中的女神啊！他决不会轻易地毁掉这个家庭的。

在我们的周围有很多活生生的案例，到了一定的年龄，比如三四十岁，男人最容易出轨，女人靠什么打赢"婚姻保卫战"呢？当然是靠自己，靠女人自己内心的力量和拥有的实力。如果你自己够强大，你的男人不仅不会轻易离开你，而且赶都赶不走，就是你把他踹到门口去，他也要回来，因为他知道，他找不到更好的伴侣了。所以，女人任何时候都要保持自己的独立和自我。

一位三十多岁事业有成的女汉子，七八岁的女儿是个小人精儿。女汉子早就知道丈夫有外遇，因为工作实在太忙，也就懒得去追究（觉得孩子太小，等着秋后算总账呢）。有一年在十一长假之前，女汉子建议全家一起去国外旅游一趟。丈夫说要加班，没时间。女汉子难得有时间带着女儿旅行，所以就自己带着女儿出国旅行去了。

她回来以后，有一天晚上正看北京频道的新闻联播。新闻联播里在展播节日里美好的场景，人们纷纷来到公园，在湖面上荡漾着很多小船和情侣。突然，小女孩儿大叫起来：妈妈妈妈快来看，爸爸和一个阿姨划船呢！女汉子过来一看说，本来我不想揪你的，但是，既然天意让孩子看到了，我们也就没必要再演戏了，滚吧！

这个男人还挺硬气，说：滚就滚，你以为我想留在这个家吗？然后就假装去拿箱子，开始往里装衣服，一边装一边弱弱地对女儿说：爸爸要走了，你怎么着？女儿看了一眼妈妈，说：赶紧走吧，别惹妈妈生气了。男人拎着箱子走到门口说：那我就真的走了，不回来了。女儿站在他身后说：您赶紧的，我要关门了。

男人一看老婆和女儿都不买账，只好放下箱子想了想说：哎呀，我今天还没联系好到哪里去住呢，这样吧，我今天先睡客厅，明天再说吧。当然，第二天他也不会离开这个家，而是下定决心不再跟别的女人搞暧昧了。

第四个阶段的阿尼玛，就更加遥不可及了。如果说女人想做第三个阶段的阿尼玛，还有可能去修炼得道的话，那么，到了第四个阶段，已经是"圣人"级别了，即使花一辈子的时间去修炼，也只能可望而不可即了。

大慈大悲的观音菩萨、圣母玛利亚就是第四阶段阿尼玛的典型代表，还有一些艺术人物，比如永远微笑的蒙娜丽莎、希腊女神雅典娜等。在现实社会中，这个阶段的阿尼玛无人可以企及，但这些神圣的阿尼玛却是男人心中的偶像、女人心中的灯塔。正是因为有这样的梦幻女性，女人才有了成长的方向和动力，朝着那个方向去努力。不是为了别人，首先是为了自己，不仅是为了自己的幸福和家庭的和睦，也是为了在孩子的脑海里留下一个值得追求的"灵魂伴侣"的雏形。

如何找到灵魂伴侣

在茫茫人海中找寻自己的灵魂伴侣，可以说是一件极其疯狂的事情，没有坐标，没有印记，只有内心的感觉，和始终如一的坚定信念。

德国两性情感专家尼娜·拉里什–海德尔在《如何找到灵魂伴侣》这本书里写道：每个灵魂在被创造之时都由上帝分配给了它一个特定的灵魂伴侣，当相遇时机成熟时，上帝将帮助他找到那个灵魂伴侣，好让他们一起成长，结合成夫妻，踏上通往上帝的道路。因此人们也认为，**"真正的婚姻是在天空缔结的"**。

柏拉图认为，一个完整的灵魂是由两个身体背对背结合而成的，因此，每个人自从出生的那一天起，就在苦苦寻求灵魂最契合的另一半，以求获得圆满的灵性。也有人说，**灵魂伴侣是一种危险的关系**，会让你经历痛彻心扉的转变，目的就是来"疗愈"你，消除你的"业力"，你需要经历很多困难，才能完成灵魂的修行。

不管别人怎么说，如果你对自己的人生伴侣抱有灵性的期待，如果你这辈子铁了心要找到属于你的灵魂伴侣，那就不妨试试看，真正开始用心去寻觅你的灵魂伴侣，梦想还是要有的，万一实现了呢？

以下的"寻找灵魂伴侣七步法"，也许能在你寻找灵魂伴侣的过程中助你一臂之力。

第一步：相信灵魂伴侣的存在

如果你都不相信灵魂伴侣的存在，又何来找寻灵魂伴侣一说呢？

在一次婚恋沙龙活动中，一位三十出头的女性介绍自己的时候说：我不怕你们笑话，我现在还是剩女一枚，不是没有人追我，条件好的也有，但我发现，他们都不是我的灵魂伴侣。我已经下定决心，一定要找到我这辈子的灵魂伴侣，宁缺毋滥！

如本章开篇所言，一个人相不相信灵魂的存在，并不妨碍他/她去寻找灵魂的伴侣。就像在催眠的前世回溯中，你相不相信有"前世今生"并不重要，重要的是你可以用这种方法解决你现实中的一些问题。你相不相信"灵魂"的存在并不重要，重要的是：假如你相信"灵魂伴侣"的存在，那么你会在寻找真爱的过程中能感受到一些神奇的心灵感应，而这些神奇的心灵感应，是源于你深层的潜意识，或者说是你的直觉的智慧。

简单地说，要想寻找灵魂伴侣，第一步，树立"灵魂伴侣一定存在"的信念，然后，再说怎么寻找的问题。

第二步：先找到自己和自己的灵性

传说中，灵魂被创造出来时是一个孪生的圆，后来分裂成两个半圆，历经人间千百世的轮回，苦苦寻觅失落的另一半。但是请记住：灵魂伴侣并不是我们灵魂的一半，同样的，我们也不是灵魂伴侣的另一半，我们都是完整的灵魂，自出生我们就是自性圆满的。所以**真爱是走向自己，不是走向别人。**唯有找回内心的真爱，遇见真我，我们才能给另一个完整的圆一个空间，让他/她走进我们的生命之中。

如果我们紧抓过去的旧伤不放，没有真正地接纳自己，不是全然地爱自己，不放过自己，那么，那个真正来陪我们做亲密关系功课的灵魂伴侣在我们的心中也找不到一个位置。唯有放下心中对灵魂伴侣的执着与幻想，穿越人生的种种磨难艰辛，千锤百炼成为生命的勇士，找回自己内心的力量，改写生命的情感地图，才会得到真正的爱与喜悦，也才会**开启自**

己灵性的悟性。

你是你的灵魂伴侣的镜子，你会通过他/她照见自己，对方也会通过你照见他/她的灵魂。只有当你开启了灵性的悟性，才具备了"灵魂之镜"的功能。

第三步：学会爱，开启心灵成长的旅程

找寻灵魂伴侣也就是找寻"爱"，灵魂伴侣的修行也就是修行"爱"，这是个大写的"爱"，是"大爱"，不是"小爱"。

每个人的成长都是从"小我"走向"大我"，从"小爱"走向"大爱"。当你能够敞开心灵的大门、开启成长的旅程时，你的视野、你的感受、你的觉知、你的空间都会越来越宽阔，越来越有爱的能量。你会从原生家庭的一些限制习惯中走出来。当然，你会非常感恩你的原生家庭曾经给予你的一切，但是你不再受制于它，你开始重塑自己，真正地成为自己精神和灵魂的主人。

萨提亚认为人有三度出生。第一度出生，是精子与卵子的结合，激活了生命力，创造了一个新的生命力的呈现形式。人与这个生命力一起创造了自己的生命，因此，所有人类的生命力都是互相联结的，每个人都拥有相同的价值。**第二度出生，**是身体从母亲的子宫里产出，出生后进入一个已经存在的家庭系统，我们的生存完全依赖照顾者，也因此我们在生命成长的初期，会被深深地烙上原生家庭的印记。**第三度出生，才是成为我们自己，**成为"我们自己的决定者"。前两度出生，人们没有进行有意识的选择。只有当一个人可以成功地实现整合、找到新的自我意识时，才会有第三度的出生。这个新的自我意识，是一种觉察和欣赏，看我们如何管理、理解、滋养和发现作为一个人的奇迹。萨提亚第三度出生说法的本质，是告诉人们可以随着心灵的成长和觉醒，有意识地选择最适合自己的方式，而放下那些已经不适合的、过去求生存的信息，只保留那些对当下

有价值的信息。

萨提亚相信，无论以前的生活经历如何，所有人都能够成长，都能从原生家庭的局限中走出来，统整内在和外在的资源，达成积极主动的改变。这种"改变"的核心之一，就是从"小我、小爱"，升华到"大我、大爱"，从而真正地进入精神和灵魂的修炼之中。

第四步：用心感受，聆听内心的声音

当你可以跟自己的精神和灵魂和平共处的时候，你也就可以听见内心的声音，感受灵魂的感受。如果遇见你的灵魂伴侣，你的灵魂就会用内心的声音和身体的感受来告诉你。你会听见你的内心怦怦直跳地说：对了，就是他/她，这就是我要找的那个人！你的身体会有一种过电的感觉，有点像小小的紧张，也仿佛是小小的惊喜。你的视线会被他/她深深吸引，你的感觉会被他/她全然地牵动，你的身心收到的所有讯息都在告诉你：就是这个人！

几乎每个人都曾经有过这样的感受，就是遇上了对的那个人，却没有缘分发展成为恋人的关系。是的，**灵魂伴侣不是一个人，而是一类人**，也许，你还没有在你的时空遇见属于你的那个灵魂伴侣；也许，你还没有准备好自己，还没有做完前三步的自我修炼的功课，你的灵魂还被囚禁在"小我"的牢笼里。你感受到了灵魂伴侣的高能量召唤，可是你自己却还在低能量的状态里，只能有缘而无分。

是的，如果没有第三度出生，大多数人的灵魂是被关在世俗的牢笼里的，纯洁、高贵的灵魂被束缚、被囚禁，它只能休眠、沉睡。在这样的阶段，即使两个灵魂伴侣相遇，也未必相知相惜，更不懂得释放内在巨大的热忱，彼此相伴相依、携手共修、同行。有很多灵魂伴侣早年曾经相遇，却失散多年，各自去经历人生的风风雨雨，然后，又会在某一天的某一个十字路口相遇——其实，彼此已经在很多的十字路口都曾经相遇，只是未

曾彼此留意，"就这样擦肩而过，就这样独自落寞，是爱得不够，还是注定的结果"？

第五步：去吸引你的灵魂伴侣

灵魂伴侣不是找来的，而是吸引来的，你需要做的就是用最好的自己打造一个"灵魂的磁场"，吸引你的灵魂伴侣来到你的精神家园。

前面已经说过，**灵魂伴侣不是一个人，而是一类人**，当你打造好自己的灵魂家园，向宇宙发出强有力的能量信息之后，你就可以充满愉悦地准备好迎接灵魂伴侣的到来。这是一个"秘密"，也是"吸引力法则"，灵魂的召唤具有无穷的能量，会传向宇宙空间的每一个方向，伟大的宇宙就像一面魔镜，会反馈给你想要的能量（愿望）。每个人都是能量的化身，灵魂伴侣们会接收到这种共振的能量，总有一个人会展开丘比特的翅膀，飞进你的能量场，因为你的能量场会让他/她更加舒适、绽放，他/她也已经等待许久，等着和你一起在灵魂的家园里翱翔。

也许有人会问，你说得也太玄乎了，怎么打造自己的"灵魂磁场"啊？那就请你去看看《秘密》和《吸引力法则》这两本畅销书吧。如果你连这两本书都没有看过，建议你暂时停卜找寻灵魂伴侣的脚步，因为你还没有准备好自己，恐怕难以向宇宙发出灵魂伴侣的呼唤，也无法回应灵魂伴侣的召唤。所以，能够修炼到这一步的朋友，灵魂伴侣的心声已经在隐隐传来。

第六步：把心安顿下来，连接你的灵魂伴侣

当你遇到一个人，他/她能够给你深深的安全感、稳稳的归属感、牢牢的连接感的时候，不要轻易放过他！因为真正的灵魂伴侣，一定是要相互携手走一辈子的。通俗地说，就是要"成家"的，因为家庭的港湾，是灵魂伴侣修行的最佳道场。

当你遇到他/她，一颗心便安顿下来了，不再漂泊、不再流浪，感受到的是一种稳稳的幸福和淡淡的和谐，不一定是惊涛骇浪，不一定是风云突变，**其实灵魂伴侣在一起时，更多的是轻松和舒适**。闪电只是一瞬间，细雨却能绵绵。当你跟你的灵魂伴侣在一起的时候，体会更多的是亲密、和谐，因为这是两个相似灵魂的同级能量场的融合，自然也是相似相亲、轻松和谐的；只有两个大不相同的能量场的相遇相融，才会出现那种电闪雷鸣、疾风暴雨的场景。许多有关爱情的研究都发现，电闪雷鸣般的狂热爱情反而消失得很快，就像一条抛物线，来得快也去得快；倒是那种绵绵细雨般的爱情，更容易相濡以沫，地久天长。

明白了这一点，你也就明白了为什么"门当户对"的深层寓意，不是外在门户的"门当户对"，而是精神层面的门当户对，只不过古人把这个成语表达的内在意思外显化了。其本意是说家境相似的人，更容易有相同的思想和精神，也更容易彼此接纳和包容，交流和沟通，因为彼此的能量场有着相近的层级。

还有，当你了解了灵魂伴侣是两个相似能量的融合之后，你也就更能理解本书在第二章所说的"鸡肋的爱情有可能是真爱"的缘由了。因为两个人能量的相近，就会缺乏那种激情澎湃的感觉，但又舍不得分开（因为太自然太舒服了），也许就需要一个外力的推进。这个外力可能是一个"第三者"，先"轰轰烈烈"地来破坏这段鸡肋的爱情，然后，再"伤天害理"地离开这段鸡肋的爱情，再然后，鸡肋的爱情就被"激活"了，终于呈现出"情深意浓"的一面。序幕结束，大幕拉开，一场灵魂伴侣真爱修行的好戏正式开场了。

第七步：释放自己的天赋

如果修炼到第六步，你还没有找到属于自己的灵魂伴侣，除了缺点儿运气之外，也可能是还没有充分释放出你的天赋，也就是说，自我的修炼还需要精进。假如你是女性，就要觉察一下自己女性魅力的这个部分是不是做得到位，有没有"女强人"或"女汉子"的味道（越优秀的女人越容易把事业和生活的平衡打破）；假如你是男人，就要勇敢地剖析一下自己的男性魅力是否足够，是否已经做好承担"爱的责任"。通俗地说，在找寻灵魂伴侣的最后一步，就是**要活出自己的精彩，吸引灵魂伴侣的到来。**

精彩的自己不仅仅是指外在的形象、地位、条件，而是内心莫大的慈悲、正能量和大爱，当然，还要有对自我、他人、环境的觉知和觉察，能够恰到好处地展现自己的才华和魅力，激发内在的潜能，把一个真实的自我呈现在世人的面前，也呈现在潜在的灵魂伴侣的时空里，等待着两个相似灵魂的美丽相遇。

最好的爱，是灵魂的相依

在恋爱过程中，有太多太多的现实问题摆在我们的眼前，生存、生活，价值感、成就感……，我们恨不得要用一生的时间和精力去解决这些来自外界的压力和重负，**唯有爱情，唯有爱情，唯有爱情**（重要的事情说三遍），仿佛是沙漠里的一片绿洲，滋养着我们疲惫的心灵。爱情是人生中最美好的礼物，貌似是为了让人类繁衍后代，实际上是让我们用心来寻找灵魂的伴侣。因为，不管你是上流社会的绅士名媛，还是下层社会的平民百姓，只要你对人生还有一点点的要求，也不会随便找一个人结婚，纯粹就是为了生儿育女对吧？所谓的灵魂伴侣，一定不是单纯地为了繁衍后代，更不是为了外在的金钱、财富和地位，而是两个人在精神上的同步、灵魂上的相依；两个人不仅是朋友、知己，也是真爱的灵魂伴侣。在这样的亲密关系中，不仅找到了那个相知相爱的另一半，而且也找到了自己，并不断通过自己的另一半照见自己的精神和灵魂，最终真正地爱上真我的自己。

生活已经如此艰难，又何必把爱情再浪费在里面呢？人类之所以成为地球的主宰，就是因为具有与众生万物不同的精神和灵魂。每一个人都是带着修行的功课来到这个世界的，那为什么不好好完成上天交给我们的人生功课呢？找到我们的灵魂伴侣，一起来修行这辈子的人生功课，达成生命与灵魂的圆满，不浪费我们宝贵的人生。

然而，在这个世界上，其实没有谁真的只是因为你而存在的。灵魂伴侣并不会专门在某个地方等你，而是需要彼此去寻找——这本身就是灵魂伴侣要修的一门功课。说到底，每个人都是为了自我的修行而来，只是需要通过和他人的连接才能达成，这也许就是人类社会存在的意义吧。**从这个角度来说，灵魂伴侣其实也只是人生修行的最佳搭档而已，可以让彼此在人间的修炼更加和谐、默契。**因此，当两个人组成一个新的家庭时，绝不仅仅是为了生存或者生活，而是因为彼此都渴望精神的慰藉和灵魂的滋养，这样的恋爱和婚姻才是真正意义的珠联璧合。

当我们说起灵魂伴侣的时候，到底在说什么呢？

在说灵魂的滋养与成长、精神的需求与心灵的契合，在说**身心与身心之间的一种物质之外的高能量层级的结合**。所以，如果你要找寻你的灵魂伴侣，一定要先调整好自己的能量状态，千万不要在低能量的状态下去寻找灵魂伴侣，因为当一个人处于低能量的状态时，是没有办法听到内心的声音的，只能更多地去顺从外界的诱惑，先解决当下的具体问题，比如生存，而不是一些精神方面的提升。想象一下，一个三天没有吃饭的乞丐，别人给一个馒头都有可能跟着走，又怎么可能说什么虚无缥缈的灵魂？在低能量状态下的你，必定也是吸引低能量状态的人，只是为了彼此在现实层面的相互慰藉，跟灵魂伴侣没有半角钱的关系。

那么，如何提升自己的能量状态，寻找到高能量的灵魂伴侣呢？首先，要努力让自己做一个灵魂有香气的人，特别是女人。因为我们已经知道，女人天生就有一个使命，要成为家庭的心灵导师，成为人类社会大爱的传播者，所以，**成为一个灵魂有香气的女人，**比成为一个会做饭、会打扮的女人重要得多。

如何做一个灵魂有香气的女人呢？可以从以下四点尝试清理自己的灵魂，给灵魂增添一抹香气。

1.静心

每天花20~30分钟，在一个完全属于自己的空间里，让自己静下心来，内观、觉察，跟自己的内心对话，看看自己今天有什么收获，又有什么烦恼，这些收获、这些烦恼给自己带来些什么感受。只是觉察、观察，只是感觉、感受，不去评判、分析，允许自己完完全全地跟自己在一起，跟自己的灵魂约会，与灵魂对话，跟灵魂谈恋爱，让自己一点一点地爱上自己的灵魂和精神。

2.读书

俗话说，书中自有黄金屋，书中自有颜如玉。读书的好处实在太多了，每一本好书都是一个灵魂的诉说，读一本好书就好像是跟另一个人的灵魂对话一样，可以帮助我们澄清思想、滋补精神。读万卷书，读的不仅仅是书，是万种人生；行万里路，行的也不仅仅是身体，而是放飞的心灵。当你可以从书里闻到别人灵魂的香气时，你也就开始把自己的灵魂"熏香"了。

3.素食

素食不仅是一种生活方式，也是一种灵魂的选择。很多素食者都是因为素食的时候，感觉到了自己的精神和灵魂更加轻盈、飘逸，更加容易觉察自己和这个世界的连接，更加爱一切的生命，才决定不再吃荤的。毋容置疑，**素食确实可以帮助我们提升灵性的悟性，**清洁身心能量，保障身心健康。但并不是要求每一个人都要加到素食的行列中来，你可以是半素的，或者阶段性的素食，哪怕一周之内有一天素食也是好的。重要的不是说你非要强迫自己每天每顿都吃素，而是会给自己的心灵留出一片绿洲，淡淡的、静静的、香香的，有书、有茶、有素食，这是给心灵的一种滋养，也是跟自己的灵魂做最深度的连接。

4.大爱

真正灵魂有香气的女人一定是精神上的贵族。她的目光、她的眼神、她的话语、她的一言一行、一举一动，都会表现出一种和谐的魅力。有人说，真正修为高的人，就是你跟他在一起的时候觉得特别舒服，他是包容的、弹性的、大爱的，没有评判、没有指责，也没有任何攻击，此时，他只是和你在一起，一种和谐的能量在两个人之间传递、流动，你只会被滋养，而不会受伤害。灵魂有香气的人也是这种状态，跟他/她在一起会让人感觉特别舒服、温暖，就好像在美丽的花园里，在清香的绿地里，到处都是纯净的、和谐的爱的能量。

最好的爱，就是两个真我相依相伴，共同成长；执子之手，与子偕老。俗世中的灵魂伴侣，即便是在风风雨雨的滚滚红尘中，也要保持一份精神上的纯净和心灵上的灵犀，不只是为了眼前的苟且，也要为了诗和远方，为了生命的成长和灵性的升华。

现实中的困难已经差不多要耗尽我们的全力，但请允许自己保持一份初心。当两个灵魂相依相伴，携手前行的时候，任何现实的困境都不会阻碍两个人一起迈出的脚步，任何的天灾人祸都不会改变彼此曾经许下的誓言。纵然外面的世界狂风暴雨，两个人的内心依然安宁，不为别的，只为两个人相遇时的那份初心。

最好的爱，是灵魂的相依，因为只有灵魂的相依，才能给我们最好的爱。也许，我们要花费一生的时间才能找到自己，才能到达生命智慧的圣地，但是，只要我们一起同行，我们的心就愉悦、欣喜，因为有你在，便是人间四月天；**人间四月天，且行且珍惜。**

真爱发问神回复

◆问：为什么会错过灵魂伴侣？

◆答：最大的可能就是，因为还没有第三度出生，灵魂之间还不能相互连接一生的缘分。就像本章前面所说的，在成为真正的自我之前，大多数人的灵魂是被关在世俗的牢笼里的，被束缚、囚禁，它只能休眠、沉睡。在这个阶段的两个灵魂即使相遇，也未必相知相惜，更不懂得释放内在巨大的热忱，彼此连接，携手同行。你一定听说过一些青梅竹马的爱情，在双方各自经历过许多的爱情坎坷之后，终于发现了彼此的珍贵。其实，很多的灵魂伴侣早年曾经相遇，互有好感，只是时机未到，相互失散，然后，一次又一次地在人生的十字路口相遇，一次又一次地在人生的拐点擦肩而过，直到双方都准备好了自己，都在对方的面前卸下面具，才发现原来"众里寻他千百度，蓦然回首，那人却在灯火阑珊处"。

灵魂伴侣容易擦肩而过，还有一个重要的原因，就是人们以为灵魂伴侣的相遇，都必定会上演那种轰轰烈烈、惊天动地的爱情故事，殊不知恰恰相反。灵魂伴侣因为能量层级的接近，反而可能只是一种怦然的心动而已，只是按动了内心的按钮，却未必惊心动魄，剩下的事情，就要靠灵魂的指引来完成了。可惜的是，沉睡的灵魂还没有清醒，彼此还感觉不到内心深处的那份契合，更多外在的吸引却来自滚滚红尘的诱惑，就这样擦肩而过，就这样回过头去继续修炼自我。

◆问：灵魂伴侣只有一个吗？

◆答：既然是灵魂伴侣，那就是灵魂的相遇相依。"灵魂"这个东西，看不见摸不着，只能去感觉，去探索。"灵魂"到底是不是存在，是一个千古难题，不在本书的讨论之列。但是，近年来，众多的科学家、哲学家、心理学家、物理学家也纷纷加到论证"灵魂"是否存在的大军之中，各种研究成果如雨后春笋般破土而出，遍及网络和各种书籍杂志（感兴趣的朋友可以自行百度）。众多的研究结果都是趋向于支持"科学已经证实灵魂真的存在"这样的观点，貌似再不把"灵魂"这个神秘的东东找出来就不足以证明科学研究的价值和意义。

也许证明"灵魂"的存在还需假以时日，但是"精神"的存在却早已为人们所共识，每个人都有不一样的"意识"也是众所周知的。就像"精神"有各种各样的"精神"一样，"灵魂"也应该是有各种各样的"灵魂"的，虽然每个灵魂都不尽相同，但处于相近能量层级的"灵魂"想必也是可以相通的。

《前世今生》是一本由美国耶鲁大学医学博士，耶鲁大学前精神科主治医师，迈阿密大学精神药物研究部主任布莱恩·魏斯撰写的畅销书，书里有一段关于灵魂的描述，大意是说一个灵魂是可以分成很多份的，而且同能量频率的灵魂是处于同一个层级的，越高层级的灵魂越富有智慧。

一些心灵导师也都认为灵魂不是一成不变的，"灵魂"本身也是在修行、进化的，相似的灵魂就像生活在地球上相似的人，有着相似的长相、相似的性格、相似的思想与精神，就像知己一样，虽然难以遇见，但毕竟不是唯一。**灵魂伴侣也是如此，可能难以遇见，但相信不是唯一。**

◆**问：柏拉图之恋是怎么回事？**

◆**答：**我们都知道有一种恋情叫作柏拉图之恋，它是一种精神上的恋爱，是一种只是在精神上和灵魂上的相恋，没有肌肤之亲，也没有俗世婚约。用感知觉的概念来说，就是**柏拉图之恋完全排除了"五感"中的触觉**，没有肉体上接触，甚至连牵手、拥抱这种小触觉、小接触也是没有的。当然，听觉和视觉是不能避免的，但那是有空间距离的。所以说，柏拉图之恋主要是指一种心灵与心灵之间的爱恋，而不会在身体行为的方面有渴望交融的需求，更没有性欲的要求。多数人都认为**真正的柏拉图之恋是源于内心的，是人的精神和灵魂之恋。**

想说清楚柏拉图之恋，就不得不先说一点柏拉图哲学的核心。柏拉图哲学的核心是**"理念论"**，认为唯一真实的世界是一种理念的世界，是看不见也摸不着，只有在内心里才有的世界。人们感受到的现实世界只是理念世界的反应，只有理念才是唯一真实的存在。这些存在构成了一个个客观独立存在的理念，比如善意的本身、美丽的本身、正义的本身……，有趣的是，这样的世界观与心理学和NLP[①]的一些理念不谋而合：心理学认为，人的内心世界是个很纯粹的世界，我们每个人都有自己的内心世界，而外在世界的一切只不过是内在世界的投射而已。NLP也认为，人类所有在外在世界玩儿的游戏，实际上都是内心世界的博弈，外在的真相不过是我们内心地图的映现而已。

只有心灵的交流、沟通，排除了所有的触觉和肉欲，这种只追求纯精神之恋的行为才能称为柏拉图式行为，柏拉图式的爱情也称为柏拉图之恋，现在被网友们简称为**"柏爱"**。

"柏爱"在当代更多的是指异性之间的恋爱，两个人只是追求心灵的默契和沟通，排除肉欲。但实际上当年柏拉图在古希腊提出"精神恋爱"的时候，是为了让同性恋可以纳入哲学的恋爱范畴之中。因为当时古希腊的上层社会很流行同性之间的爱情，柏拉图认为同性之间的恋爱是可以排除一些肉欲的。因此，当年柏拉图认为的柏拉图式的爱情主要是针对同性恋而言的。那时的哲学家认为，同性之间的恋情才是真正的爱情，而异性的婚姻制度只不过是为了社会的建构，所以，当时的"柏爱"是为了给同

---

① NLP是神经语言程序学 (Neuro-Linguistic Programming) 的英文缩写。指我们思维上及行为上的习惯，就如同电脑中的程序，可以通过更新软件而改变。

性恋"正名"的。

如今，柏拉图式的恋情被一代一代地传承，已经变成了精神之恋和灵魂之恋的代名词。真正的柏拉图之恋必须排除现实因素的所有触觉，不能有任何的肌肤之亲，也不能有任何现实层面的纠葛（特别不能与婚姻沾边），只要稍有越界，就不能称之为"柏爱"。现在社会上有一些年轻人，可能在生理上或者心理上有些难言之隐，于是高调征婚，宣布要找一个柏拉图式的对象结婚，这真是给柏拉图之恋泼了一盆大大的脏水！

网上有一篇征婚启事，是一名28岁的男性，非常着急地征婚，想找一个可以接受柏拉图之恋的女人，赶紧结婚成家，因为家里催婚跟催命似的，自己也觉得再不结婚交代不过去，所以高调征婚，希望有能够接受他的所谓"柏爱"的伴侣一起走进婚姻的殿堂。

天哪！征婚柏拉图之恋，目的竟然是为了结婚！假如柏拉图听见了肯定要气晕过去。虽然地球人都明白这名男子所谓的柏拉图之恋是什么意思，可能是他不能，或不愿，跟未来的妻子有性生活，但不是说没有性生活就可以说是"柏拉图之恋"，好吗？柏拉图之恋一定不会允许现实中的婚姻以这样的存在形式，柏拉图之恋首先是精神上、灵魂上的惺惺相惜，继而是纯粹的、纯洁的、纯心灵的交流和沟通，它之所以得以传承和仰慕，就是因为它的纯精神性和纯灵性，绝不可能有现实之中的山盟海誓和婚约，它永远都只是两个人心灵能量的流动和传递。

就像下面这首描述柏拉图之恋的诗，可以有痛苦，可以有心碎，但一定有一颗唯美、纯情的心：

只是站在爱人的身边
默默的付出，默默的守候
不奢望走近，也不祈求拥有

即使知道根本不会有结果

却仍然执迷不悔

也就是这种不求回报的原因

注定了它悲剧的结局

最后

也只能是一条在远处守候的平行线

只留下回忆中美好的片段

当做永恒

还有，柏拉图之恋之所以流行不衰，也是因为在人类的社会中，其实是有各种各样的恋情的。有些可能是病态的，有些可能是健康的，也有些是在处于健康和病态之间的。一些不健康的、反常的恋情，比如恋物癖（比如男人酷爱女性用过的某种物品，特别是女性的内衣，甚至可以不择手段去偷取女人的内衣）、异装癖（男人喜欢穿女性的衣服来满足自己的性欲），还有什么露阴癖、窥淫癖等，这些不健康的性欲倒错患者应该早点去看心理医生，赶紧做心理治疗，否则就会对他人和社会产生不良的影响。当然，我们也要了解，其实这些心理不正常的人，并不是道德败坏，只是在成长的经历中受到了一些不正常的对待，没有得到一个正确的引领，出现了一些心理变态的问题。

如果说正常的恋爱，就是拥有健康心理的男女两个人恋爱，结婚，然后生儿育女，白头到老。那么，介于正常和不正常之间的恋情，比如柏拉图之恋、同性恋等，都可以归属于这个中间的范畴。现在的社会也越来越宽容了，开始接纳各种各样的恋爱形式，只要不伤害到其他人，这也算是人类社会发展的多元化文明演变的进步吧。

再回到柏拉图之恋本身，追求纯精神之恋的"柏爱"可能是双向的，也可能是单向的，不管是双恋，还是单恋，都应该是精神的升华，灵魂的相通。即使是像有些人说的那样，所谓的柏拉图之恋，不都是因为现实因素不能结合在一起，才退而求其次吗？即便如此，那也是一种理性的选择，不是吗？毕竟不是所有的爱情最后都一定是走向一纸婚约的，也可以有脱离物质和身体层面的灵性之恋，不是吗？这样的"柏爱"也从另一个角度向我们展示了所谓"真爱"的存在，诠释了"真爱"是彼此精神和灵魂的照见，因为，如果没有灵性的交融和成长，是不会选择这么艰难的精神恋情的。

如今**柏拉图之恋貌似正在像龙卷风一样卷土重来**（也许从来就没有消停过，只是现在信息更透明，感觉更汹涌了而已），年轻的一代更加追随自己的心，已然把物质层面的需求和人类繁衍的重任抛在脑后。**互联网社区的发展滋生了"柏爱"生长的土壤**，网络交流的形式非常符合柏拉图式的恋情，可以有视觉、听觉，完全排除了触觉，而且在网络中，人们可以更真实地表达自己的所思所想，也就更容易找到精神契合的对象。因此，从网聊到网恋，很容易造就柏拉图式的恋爱。另外，随着人类文明的发展，一定会对现实层面的要求越来越低，对精神方面的渴望越来越高，这也是人类发展的必然。科学已经证明。人类每过十年，新生儿智商就提升三个点，那么情商呢？一定会提升更多点！灵性和精神呢？会提升更多更多的点！所以，假如你身边有柏拉图式的恋情，或者你自己有一段"柏爱"，那么，请放轻松：拥抱还是推开，这不是什么问题，只是选择而已。

◆**问：** 网恋是不是柏拉图之恋？

◆**答：** 有人说，现在这个社会，早没有什么纯洁的爱情了。这话可能有点过了，任何时代，都会有那么一些人，生来就是为了证明一件事的，那就是：**真爱是存在的。**网络时代柏拉图之恋又开始风生水起，但并不是所有的网恋都属于柏拉图之恋。首先，柏拉图本人肯定是没有网恋过的；其次，网恋确实有助于产生柏拉图之恋。

有些网恋一眼看上去就知道跟"柏爱"没有半角钱的关系，因为他们都是为了在现实层面得到俗世的结果，比如一夜情、婚外情。也有的网恋开始"只在网上谈恋爱"，谈着谈着就慢慢走进了真实的恋爱和婚姻。因此，**网恋是不是"柏爱"，要看网恋的目标是什么**。如果目标是为了找对象、结婚、恋爱，或者找一夜情、临时性伴侣，那么，可以说网恋是达成现实目标的一个手段。反之，如果在网恋的过程中，是真的想找一个可以在精神上契合、灵魂上相依的人，也可能会产生长久的**柏拉图网恋**。还有些人在网恋开始的时候，就从没有想过要在现实中发展关系，只是想通过网恋表达彼此的连接和支持，这样的一种情感在某种程度上来说，已经算是"柏爱"了。

网恋就是大千世界，自然无奇不有，请看这个真实的网恋故事：

一位在国外留学的高智商医学博士，决定利用网络解决自己的终身大事，在中国找到一个心灵契合的灵魂伴侣。于是，他就用很古典的英文写了一封古色古香的征婚启事，贴在某网站的征婚栏里。他的用心很明显，就是想设一个门槛，起码对方得懂英文，而且还得喜欢这种风格的英文。可想而知，国内的应征者寥寥无几。大概一个月以后，他终于收到了一位女生的英文来信，模仿他的征婚启事做了回应，遣词用语相当考究，也散发出古色古香的韵味。于是两个人开始了长达一年的书信来往。在这一年中，男博士觉得两个人经历了一段柏拉图之恋，经历了精神和灵魂的考验，现实中的一切都将不会阻碍他们进入现实的婚姻里面。女生不是学医学专业的，是心理学专业的研究生，触类旁通，两个人正好可以互相帮助，相互支持。男博士常常给女生一些国际前沿性的论文信息，女生也不时给男博士发一些国内医学发展的方向资料，两个人发现无论是在精神层面，还是在学术方面都非常契合，当然是一见面就"短平快"地结婚了。

这是一个由网恋开局，"柏爱"过渡，最后走进现实爱（结婚成家）的典型案例。看到了吗？网恋是有各种可能性的，一段网恋究竟走向何方，跟两个人的恋爱目标和方向有很大的关系。

趣味心理测试三：你心中的灵魂伴侣是什么类型的？

你想自己一个人去一个神秘的地方旅游，那个地方很原始，没有通电，也没有手机信号。以下四样物品只能带上一种，你会选择带上哪一种呢？

A.强光手电筒

B.连发信号枪

C.香薰驱虫剂

D.搞怪迷彩装

答案请见本书附录部分。

第四章
怎么知道爱神降临

喜欢不一定是爱情；优质女人反而容易成剩女；男追女还是女追男；爱情有太多的可能性，貌似在错的时间遇上对的人，也常常苦恼爱我的人我不爱，我爱的人不爱我。

喜欢不一定是真爱

我们常常在生活中看到这样的情况，有些男生追女生追了很多年，女生对男生总是若即若离。男生很疑惑：你为什么跟我挺好的，可是却不答应我跟我谈恋爱，你知道我有多爱你呀！女生会说：我真的很喜欢你，但不是爱。男生更疑惑了：喜欢不是爱，那爱情到底是什么？

要搞清楚为什么喜欢不是爱，爱情到底是什么，就要从心理学的层面探讨一下了。

心理学认为，爱情是一种人们之间的强烈吸引。所谓人际吸引，就是人与人之间、心与心之间的吸引。心理学把人际吸引分成三个层次。第一个层次是**合群**，就是"物以类聚、人以群分"的意思，一个人跟另外一些人可能因为相互吸引，一起旅游、一起吃饭、一起读书，大家愿意一起做一些团体活动。第二个层次叫**喜欢**，就是一个人可能更喜欢跟另一个人待在一起，做些更加友好、亲密的事情。比如哥们儿、闺蜜之间一块儿喝个茶，一起看个电影什么的。但喜欢不一定是爱，或者说，喜欢不一定是真爱。因为人际吸引的第三个层次，才是**爱情**。

喜欢跟爱情是有本质区别的，简单来说，主要有三个区别：

首先是**"依恋"**的不同。我们在第一章已经知道了，"依恋"是婴幼儿在0~3岁的时候跟父母形成的一种特殊的亲密关系。那么，一个人小时候跟父母依恋的方式，很可能也是他（她）的恋爱模式。当两个人只是彼此喜欢的时候，就不会有那种高度依恋的感觉。而卷入爱情的双方呢，就会强烈地去寻求与对方的依恋和陪伴，就好像小时候跟父母的感觉那样，非常依恋，一日不见如隔三秋，刚刚分手，又恨不得马上见面。这种强烈的依恋感觉，只会在爱上一个人的时候才会出现。如果只是喜欢一个人的话，会很清楚我是我，他是他，我再喜欢他，也没有那种想跟他时时刻刻粘在一起，相互依恋在一起的强烈渴望

喜欢跟爱情的第二个区别是**"利他"**。虽然说喜欢一个人的时候，也会为对方考虑，也会给对方一些帮助或者好处，但跟恋爱中的人比起来，是有天壤之别的。恋爱中的人会高度关心对方的情感状态，觉得让对方快乐和幸福是自己义不容辞的责任。只有对方快乐、幸福了，自己才会高兴、快乐。所以很多男人在热恋中都会说：只要你开心，我就开心；在热恋中的女人也会说：我支持你，你成功了，就等于我成功了。双方都很愿意为对方付出。即使在对方有不足的时候，也会表现出高度的包容和宽容。而且，即便是那种最自私、最自我的人，在陷入恋爱的时候也会表现出某种程度的理解、宽容、关怀和无私。这也就不难理解，为什么有些"坏人"也会难过"美人关"了。比如说电影里的一些杀人犯，或者一些恶魔般的人物，面对恋人、爱情的时候，也会显现出人性脆弱的一面。所以说，爱情这个东西，真的是"岂在于朝朝暮暮，只叫人生死相许"。

喜欢与爱情的第三个区别是**"亲密"**。也就是指恋爱的双方不仅相互有强烈的依恋情感、很高的利他责任，而且会有身体触摸、肌肤相亲的需求和渴望。恋爱的初期，可能希望拉拉手、抱一抱，再进一步就想要摸摸身体、接接吻，然后，随着双方感情的加深，就可能情不自禁地希望有性爱的接触。到这个时候，双方很自然地希望和对方融为一体，期待通过零距离的爱，巩固彼此的亲密关系和爱情堡垒。

因此，爱情和喜欢在本质上是完全不一样的。有时候你再喜欢一个人，也未必愿意跟他去滚床单，也未必喜欢跟他有肌肤之亲。你自然而然地会跟他保持一个距离。如果说爱情是零距离，那么，喜欢一定是有一个

距离的，不管是社交的距离，还是亲密的距离，彼此之间总是会有一些空间距离的。

爱情和喜欢都是人际吸引

既然爱情和喜欢都是人际吸引，那么，什么样的人之间，更容易相互吸引呢？当然是相似的人和互补的人更容易相互吸引，所谓"同性相亲，异性相吸"。

"老乡见老乡，两眼泪汪汪"就是同性相亲的例子。如果在异地见到老乡，听到熟悉的乡音，总会觉得有一种特别的亲切感，对不对？然后一起聊聊天，或者加个微信什么的就很自然。还有一起扛过枪的战友、一起同过窗的同学，都是可以形成很深的朋友情谊的。而互补、相异的人之间就会相吸，越是不一样的人，越容易形成一种强烈的人际吸引。为什么呢？道理很简单，就像正负电子一样，相异的人更容易互相吸引。因为对方有的东西恰恰是自己没有的，这是自己的短板，原来自己做不到的事情，他居然能做到，真了不起！于是有一种敬佩或者仰慕或者好奇的心理产生，自然就容易被吸引了。

要注意的是，说到相异或者说互补，不是说两个人完全不一样，而是说在一些方面有明显的差异，比如性格的互补，或者能力的互补。

性格的互补更容易在找对象的时候吸引异性。比如一个高大威猛、风度翩翩而又事业有成，让人仰慕的大男人，就很容易吸引那些温婉、柔情的女孩子。而一个温柔、贤淑的女性，也更容易受到强势男性的青睐。这就不难理解，为什么当下职场中大把大把的"白富美""女汉子"、"白骨精"，反而不容易找到心仪的男人了。其实越是外表坚强、精明能干的女人，内心越是敏感、脆弱，越是希望找到一个大男人来关爱自己、呵护自己，只不过在职场上不得不表现出强悍无情的"男人婆"形象，很容易把本来就不多的年轻的"高富帅"男人吓到遥远的太平洋去了。

　　能力的互补在工作关系中更容易相互吸引和合作。比如说，一个做行政的女生，就很容易被做IT技术的大拿所吸引；而做IT技术的男性，也很容易被一些感性、活泼的女生打动。但这些吸引会不会产生爱情，还要看两个人的感觉能不能达到第三层。

男追女还是女追男

俗话说"男追女，隔座山；女追男，隔层纱"，意思是，如果一对年轻的男女之间，彼此都有点儿意思的话，女人追男人的速度会比男人追女人的速度快得多。为什么呢？因为当男人追女人的时候，被追的女人会考虑更多；而女人追男人的时候，如果这个男人也对这个女人感兴趣，两个人可能很快就在一起了。

请注意这个说法的前提——年轻的男女，为什么要加这么一个前提呢？因为对二三十岁的年轻人来说，女生显然占有天然的优势，不仅如花似玉、绰约多姿，而且妩媚娇羞，学习、才艺突飞猛进，可以说处于价值的高处。而男人在二十多岁的阶段，反而处于一个价值的洼地。倘若做两条人生发展趋势曲线的话，这个阶段的女生综合得分要远远高于同龄男性的综合得分。二十多岁的男生不是在大学读书，就是在社会上刚刚开始奋斗，在财富、事业方面还没有厚重的基础，而且在情感心智方面，也远远不如女生那么敏感、成熟。在这样的情形下，假如男女之间有一点互生情愫，女生对男生适时发动攻势，男生就很容易被俘虏。

虽然事业刚刚起步，心智也不成熟，但二十几岁的男生想很快找到一个女朋友的心情却是非常急迫的。这个时候的男生，身体内的荷尔蒙是爆发性分泌的，引领着他们像猎人一样急切地寻觅着那个可以接受自己、跟自己一起繁衍下一代的女性载体。在这样的生物本能驱使下，男生就很容易接受本来就有好感的女生抛来的橄榄枝，而女生在这个阶段反而会比较理性。正是招蜂引蝶的花季，往往是"窈窕淑女，君子好逑"。在这些所谓的"君子"中，很可能不仅有同龄的男生，还可能有年龄比较大的男士，甚至有大叔级的男人。物以稀为贵，花季女生是很容易看花眼、挑花眼的，而且从女性的生物本能上来讲，她是要找一个可以托付终身的对象，这是几千年来的女性集体潜意识的自然冒泡。男生在这个时候更多地是想找一个玩伴，未必认真考虑过是不是一定要走入婚姻，是不是一定要白头到老。女生就完全不一样，特别是中国的传统女性，多数是冲着找一个终身的归宿去谈恋爱的。古有"嫁汉嫁汉，穿衣吃饭"，现有"房子、车子和票子"，她是要找一个安稳的生活着落的。所以当男生追女生的时候，女生会考虑很多方面，甚至是未来孩子的生养条件——这个真的不能怪女人，这不过是女性履行繁衍使命的集体潜意识的一种生物本能的考量而已。

反过来女生追男生就会相对容易得多，当然一定要记得前提是两个人都有点儿那个意思。"女追男，隔层纱"这句话也不能一概而论。如果男生对女生完全没感觉，"女追男"，更难！为什么？因为男生往往是对他所喜欢的女生才想去得到她的认可，才想去征服她、占有她。如果对某个女生完全没感觉的话，男生的身心是不会有反应的，就算你用明示的方式给他信号，他也不会（不愿）接收到的。男人的求偶动机，一定是与自己的征服欲和成就感相关联的。特别是年轻的男性，更渴望通过追求心仪的女性来满足自己的征服欲和成就感。

因此，不管这个世界如何变化，请记住：**男人总是喜欢去征服世界，征服女人，同时也征服男人的。**只有在征服感的召唤下，男人追求到心仪的女人才会有满满的成就感。所以，不到情非得已，女人不要轻易对所爱的男人展开犀利的攻势，要知道"女追男"从一开始就会把你自己置于不战而屈的不利位置，以后很难翻身的！

当然，如果你真的非常爱这个男人，而且多多少少也能够收到这个男人的一些暧昧信息，也不是完全不可以考虑发动攻势的。但是，你一定要明白，从一开始，你发动的"女追男"攻势就形成了一个彼此交往的心理模式。什么模式呢？就是女的更强势主动，男的相对弱势被动，这种从一开始就形成的心理模式会在以后长远的婚恋生活中持续体现。不信你去听听"女追男"的女人心声，特别是"女追男姐弟恋"的女方怨言。

有一位二十多岁的职场"白骨精"，终于追到了一个比自己小三岁的男生，欢天喜地结为夫妻。时光荏苒，光阴似箭，结婚多年以后，这位妻子渐渐变得郁闷，觉得自己一直都在充当姐姐，甚至妈妈的角色。她一直非常宠爱这个小丈夫，真的像当姐姐、当妈妈一样无微不至地照顾这个男生。即便丈夫已经"三十而不立"，在冬天的夜晚，她也总会习惯地帮丈夫捂脚板。每当小丈夫钻近被窝的时候说"唔，脚好冷啊"，她就会马上睡到丈夫的脚头，把他的脚板捂进怀里。可是她的内心却越来越委屈，她没有感觉到丈夫对自己、对家庭有多少的责任，好像她的一切付出都是理所应当的。她不知道哪里出了错，她觉得自己还是爱这个男人的，可是心里却越来越不快乐。

在这个案例中，可以明显地看到，这对小夫妻的互动模式更多的是一个母子互动的情形，妻子几乎把自己变成了丈夫的母亲，把小丈夫当孩子来宠爱，这样的婚姻怎么可能激发男人的征服欲和成就感呢？据调查，**多数的"女追男+姐弟恋"的婚姻时间长了都会出问题，关键原因就是妻子替代了部分的母亲功能**，时间一长，妻子觉得自己得不到呵护、关爱，心理疲惫，而丈夫也觉得自己不像个大男人，没有力量给家庭作更多的贡献，或者从心理上支持妻子，于是小家庭出现了严重的"男女错位"现象。如果一个家庭中男女错位的话，不仅夫妻之间难以和谐相处，而且很可能造成以后孩子的心理错位（甚至性别错位）。这是另外一个有关家庭序位的问题，笔者会在另一本书里阐述这个道理。

不少女性一开始是相信"女追男，隔层纱"的，也做好了充分的心理准备，去追求心仪的男性。可是在追到手以后发现，在那层虚无缥缈的薄纱之后，根本不是一马平川，而是一座又一座的高山，要用一辈子的心力去爬山，常常要面对本来应该由男人面对的恐惧和挑战。

这并不是说，"女追男"一定不好，只是想告诉大家，**"女追男"从一开始就会给双方带来一个心理上的定位**，除非被追的男人足够成熟、足够担当，经过慎重考虑才接受这一份感情，并且也逐渐爱上了这个追自己的女人，那么在以后的恋爱和婚姻生活中，两个人是可以相伴成长，形成一个平等的婚姻生活的。不过这种可能性是比较小的，因为大部分男性的情感心智的成长要晚于女性心智情感的需求。

在这里给女人一个建议：假如你真的无可救药地爱上了一个男人，想要去追求的话，也不是禁区，只是不要赤裸裸地直接去追，而是要想一些办法，让这个男人反过来追你。先别觉得不可能，至少你可以先尝试一下，对吧？

女追男的"四个前提"（心理准备）：

第一，先确认男生对自己也有起码的好感。怎么确认呢？用你的**第六感！**女性都有第六感，对不对？从对方的肢体语言、目光眼神，以及那种有意无意关注你的小举动是完全可以感觉到的。如果确认了对方对自己有起码的好感，就有了七八成的把握，成功率会大大增加。

第二，如果对方的性格比较内向，属于那种比较稳重和理性的男生的话，你就要先清晰地了解到：这种男生一般比较理智，比较拘谨，不会轻易地去追女生，也不会轻易地接受女生追。他的内心是有一些恐惧或者疑虑的，需要你用心打开他心里的那扇爱之门，帮助他把情感抒发出来，跟你建立一种亲密的关系。

第三，是对女人自身的要求，要做好一个充分的**心理准备**——要做好为对方服务一辈子的心理准备。有可能在以后的恋爱和生活中，你都是起主导作用的一方，而对方可能永远都是比较被动和比较弱势的一方。如果你能够接受这样的一个相处模式，那你以后就要比别人（甚至比你的丈夫）更坚强。有苦往肚子里咽，有泪往心里流，不能随便表现出小女人的那种撒娇状态。说白了，当你开始去追一个男生的时候，你就已经把自己定位于大女人了。你愿不愿意当大女人呢？你自己要想清楚哦！

第四，要做好被拒绝的心理准备。即使你已经接收到他的一些好感信号，比如肢体语言，比如目光眼神，但那也不一定是爱，可能是喜欢，或者是好感。所以请提前做好被拒绝的心理准备。如果真的被拒绝，建议你一定要问清楚，为什么拒绝你？有些男生会说，"唔，我们不合适"，这种回答基本等于"判死刑"，肥皂泡泡的希望都没有了，要像放弃一道没有答案的难题一样迅速地放下。有的男生会说，"唔，我现在还不想谈恋爱，还没做好准备"，那么，你还有一丝丝曙光，因为他没有直接否定你这个人本身。但不管怎样，你都已经在这个游戏中处于下风，这一点要清清楚楚，明明白白。所以不到万不得已，不要去主动追求男生，天涯何处无芳草，何必一意孤行之。感情这种东西，最怕执着——**谁执着，谁痛苦。**

真正的爱情高手，不管是"男追女"，还是"女追男"，都是先把自己做到最好。著名影星范冰冰有一句掷地有声的名言：我就是豪门！也许，我们普通人没办法做物质财富的"豪门"，但我们可以做精神财富的"豪门"。先把自己成长好，丰富（盛）自己，再了解对方，他喜欢什么样的女生，会期待跟什么样的女人一起生活，用你的内心的强大和成长去达到这个要求，可能是更有效的做法。

常常听到恋爱中的男女说，"哎呀，不记得当时是谁追谁的了，彼此都有好感吧，就自然而然走到一起了"。说是自然，其实一定会有一方是有心计的。如果你想吸引你的白马王子，必须发挥出你的"表演天赋"，用你的肢体语言和非肢体语言、你的目光和眼神、你的气场和情丝，发出隐秘而强有力的诱惑讯号，让白马王子对你感兴趣，反过来追你，这才是真正的恋爱高手。这样的女性，是可以随时变换"大女人"和"小女人"的角色的，她始终掌握着恋爱过程的主动权，同时又满足了男人的征服欲和成就感，让男性觉得是我追求的幸福，我要为你负责，为两个人的未来负责。**追求本身就是一种承诺，**想让男人愿意承担更多的责任，一定要从一开始就给他爱的考验。

优质女人为什么成剩女

在中国的大中城市有一个奇怪的现象，就是越优秀的女人似乎越容易被剩下。不少热衷于做"红娘"的朋友告诉我，手里有大把大把30岁左右、才貌双全、工作稳定的"白骨精"剩女，如果哪儿冒出来一个大龄未婚男青年，立马就可以被消化掉。为什么大龄优质女找不到自己的如意郎君呢？有一点可能是剩女们共同的隐隐心声：怕自己嫁亏啦！

如果说恋爱还可以很感性，但说到婚姻，对于中国人来说，更像是一场交易。自古以来，**国人对于婚姻的许多信念，都是在暗示婚姻就是一场买卖**。比如彩礼，比如"嫁汉嫁汉，穿衣吃饭"，中国的女人有一个根深蒂固的观点，就是我嫁给你，就是把我一生的幸福都托付给你了——天底下哪儿有可以为你的一生幸福埋单的人呢？自己的幸福只能靠自己啊！

当一个女人嫁给了一个男人，她就会理所当然地想：你的也是我的，我的也是你的。从此以后，女人所有的生存问题，穿衣、吃饭、房子、车子，都要归男方负责承担。俗话说"男怕入错行，女怕嫁错郎"，干得好不如嫁得好，在中国，婚姻对女人的重要性甚至超过女人自己去找一个工作，去做任何想做的事情。最好能嫁给一个"高富帅"的男人，从此改变人生。如果嫁错了呢？就全完了！什么叫嫁错了？无外乎两点：一是外在的条件不达标，比如外貌、职业、学历、财富等；二是外在的条件满足了，内心的感觉又不够了！不少女人在权衡外在的条件和内心的感觉时，很容易向外在的诱惑投降，这为以后的婚恋生活埋下隐患。

在大学阶段，女生往往觉得男生太幼稚，不够成熟，毕竟大学里的"高富帅"男生是很少的，往往不是高而不富，就是富而不帅。稍微成熟一点的女生甚至会觉得周围的男生都是"小屁孩儿"，完全不能满足她对男人的幻想。在这个年龄，女生难免还存有一些恋父情结，会对那个要托付一生幸福的男人有很高的要求，而男生又多多少少有一些恋母情结，在这样的一个不对称的心态情形下，女生对男生的期待是没办法得到满足的。有时好不容易看上一个男生，有点成熟，有点生活阅历，又是当班干部又是搞社团什么的，貌似可以依靠、可以依赖，但往往这样的人家境又不怎么好，也难以让女生做出抉择。

错过大学时代，到了社会上，女生的选择面就更加狭窄了。相反，男生的选择面骤然增加了！特别是理工科大学毕业的男生，一到社会上，就会成为很多女性家长的女婿选择对象。国人有一个很重要的传统婚姻理念：男比女大更好。俗话说：女人三十豆腐渣，男人三十一枝花，也就是说，当女人奔三的时候就越来越没有价值了，而男人倒像是盛开的花朵一样，越来越有魅力，不管是外在的物质条件，还是内在的心灵世界，都越来越丰富，越来越有内涵，可以吸引到更多年轻漂亮的女孩子。而且，男人的选择面是可以往下的，一个三十岁的男人可以往下选到二十来岁的女孩，而一个三十岁的女性，选择范围就狭窄多了。即使符合"女大三，抱金砖"的说法，最多也就能比男方大三岁，再大一些就不容易被大家接受了，也就是说只能选择二十七岁以上的男人了。可是二十七岁以上的男性他更愿意选择什么呢？当然是更加年轻漂亮的二十出头的女孩子。在这样的情形之下，我们就会发现，越优秀的女孩子，越优秀的"白骨精"，越找不到更优秀的男性，而且，年龄越大就越困难。

通过这样的分析可以看出，如果一个大龄优质女被剩下，最大的问题可能出在哪儿呢？**不是时代出了问题，也不是社会出了问题，而是女人自己的信念出了问题！出现了什么问题呢？出现了信念的偏差，也就是被自**

古以来一代一代传承下来的这样的一些"信念病毒"，比如"嫁汉嫁汉，穿衣吃饭"，"男怕入错行，女怕嫁错郎"，"男人三十一枝花，女人三十豆腐渣"等禁锢了，把自己当成了一件商品，或者是待价而沽的期货，等待着出价最高的那个人，等待着能够保障自己未来幸福生活的那个王子来"选妃"，所以选择权其实不在自己的手里，更不在自己的心里。

古希腊的大哲学家柏拉图有一天问他的老师苏格拉底："什么是爱情？"

苏格拉底微笑着说："你去麦田里摘一株最大最好的麦穗回来，在这过程当中，只允许摘一次，并且只能往前走，不能回头。"柏拉图按照苏格拉底的话去做，很久才回来。

苏格拉底问他摘到没有？柏拉图摇摇头说："开始我觉得很容易，充满信心地出去，但是最后空手而归！"

苏格拉底继续问道："什么原因呢？"

柏拉图叹了口气，说："很难得看见一株不错的，却不知道是不是最好的，因为只可以摘一株，无奈只好放弃；于是，再往前走，看看有没有更好的，可是越往前走，越发觉不如以前见到的好，所以没有摘；当已经走到尽头时，才发觉原来最大的最饱满的麦穗早已错过了，只好空手而归了。"

这个时候，苏格拉底意味深长地说："这就是爱情。"

又有一天，柏拉图问他的老师什么是婚姻，他的老师就叫他先到树林里，砍下一棵全树林最大最茂盛、最适合放在家作装饰用的树。其间同样只能砍一次，同样只能向前走，不能回头。柏拉图于是照着老师的话去做。这次，他带了一棵普普通通，不是很茂盛，亦不算太差的树回来。老师问他，怎么带这棵普普通通的树回来了，他说："有了上一次的经验，当我走到半路还两手空空时，看到这棵树也不太差，便砍下来，免得错过了后悔，最后又什么也带不出来。"老师说："这就是婚姻！"

再有一天，柏拉图问苏格拉底："什么是幸福？"苏格拉底就叫他到田园里去摘一朵最美的花，其间同样只能摘一次，而且同样只可以向前走不能回头，柏拉图于是照着老师的话去做了。这一次，他带了一朵美丽的花回来了，苏格拉底又问了他同样的问题。柏拉图是这样回答的，他说我找到一朵很美的花，但是在继续走的过程中发现有更美的花，我没有动摇，也没有后悔，坚持认为自己的花是最美的，事实证明花至少在我眼里是最美的。苏格拉底又说："这就是幸福！"

爱情、婚姻、幸福都是一个选择接着一个选择的过程，在这个充满不确定因素的选择过程中，女人要怎么改变？要怎么样变被动为主动，使用好自己的选择权呢？

首先，要切实地认识到：在婚恋情侣的选择方面，女人只有短短十来年的黄金时间，从十七八岁到二十七八岁，女人自己拥有很关键的婚恋决定权！这个年龄的女生，周围往往都不止一个追求者，选择的范围相对较大，可能是同学、学长，也可能是社会上结识的异性朋友。这个时候的女生需要静下心来好好想一想以下的问题：

1.自己究竟想要什么样的人生伴侣？
2.自己有哪些条件可以支持自己找到这样的伴侣？
3.自己想要谈一场什么样的恋爱？
4.自己为什么要谈一场这样的恋爱？
5.未来自己想要什么样的婚姻生活？
6.自己有什么条件可以配得上这样的婚姻生活？

如果自己实在想不清楚，就要向那些有经验的学姐请教，或者找社会上的婚姻情感专家咨询，越早认清自我越好，少走弯路，抓住最好的年华，找到那个最适合自己的另一半。

一位美国犹他大学的社会学家Nicholas Wolfinger的研究表明：**结婚越晚，离婚率越高！**嘿，是不是把你吓到了？最佳的结婚年龄是在25~29岁，在这个年龄段走进婚姻殿堂的人更容易相互适应，拥有幸福美满的婚姻生活。为什么呢？在二十几岁的时候，两个人的生活习性还没有完全定型，更具有相互适应的可塑性。特别是这个年龄阶段的男生，更愿意为了娇妻做出生活习惯方面的让步和改变。旺盛的荷尔蒙会让两个人更容易如胶似漆，个性的磨合相对容易。

在这个关键阶段，女生在选择情侣的时候，不要过于在意他现在的外在条件是什么样子的，而是要用心觉察这个"他"跟自己有没有心灵的契合，是不是可以跟自己一起创造未来。从这个时候开始，女生就要树立一个新的信念：**未来要靠两个人一起努力，**创造幸福的生活。而不是把自己的未来的全部交给对方负责。

如果有这样坚定的信念，女生就会感受心的感觉，跟着心灵的选择来判断一个男生或者一个男人能够带给自己的现在和未来是什么样子的。也许，你选择了一个让你心动的男生，他目前的物质条件还不能满足你，可能连你们一起吃个饭，两个人要付一份稍微奢侈一点的晚餐账单都有点困难。他也不能给你买昂贵的礼物，只能给你唱唱歌、写写诗或者帮你从食堂打个饭……但是，这不就是年轻人的恋爱生活吗？恰恰是这样鲜亮、纯洁的校园爱情是可以让你以后回味无穷的。不管你以后是不是跟这个男生结婚，人到中年，回想起来，这一定是一段美好的爱情体验，是一段即便有伤痛、有遗憾，却无怨无悔的成长经历。

学会在爱情中相互学习、相互支持和鼓励，共同描绘未来的愿景，你就会放下很多外在的期待。大学里的很多男生都像没有发育完全的柳树一样，还不具备那种高大、性感、有力量的形态，这个阶段的男生，恰恰就是最需要女人爱的滋养来催熟的。**女人是男人最好的学校**，女人生来就有要帮助男人由内而外成长的使命。爱情是一种巨大的力量，可以激发男人为了自己所爱的人去打拼、去奋斗的。

因此，如果年轻的女孩子能够从成长的角度，放下自己对一个男人，特别是同龄"小鲜肉"的一个幻想：他不是你的父亲，也不是你的兄长，他只是跟你一样甚至比你还要幼稚的一个男人胚子，等着你去塑造，刻上你的名号，成为你的"产品"，你就会慢慢发现，他也会在这样一个简单、纯洁，像白纸一样的爱情画卷中渐渐地把你所付出的一切都印在他的心灵画布上……

如何追求高学历女生

当今社会，女性是越来越出色了，连韩国这样的大男子主义国家，女性居然都当上总统了！纵观世界各地，各行各业都涌现出越来越多的女强人、女汉子、女博导、女企业家……这些女人似乎也有一些共性特点，比如学历较高、单身较多。

前些年有一句很流行的话，"专科生是赵敏，本科生是黄蓉，硕士生是李莫愁，博士生是灭绝师太"，意思是学历越高的女生做剩女的机会越大。为什么会出现这种关联呢？这就要从高学历的女性为什么有高学历说起。

众所周知，女性在记忆方面，特别是在死记硬背方面是有优势的。这是因为大部分的女性天然都是"视觉系"的生物，也就是说女性对于看到的东西更容易有感觉，更容易记得住；而多数的男性天然都是"听觉系"的生物，对所听见的东西更敏感、更容易记得住。经过十几年应试教育的强化训练之后，中国的女生在发散式的文科学习方面更有优势，而且比男生更听老师、父母的话，学习更勤奋刻苦，学习成绩也更优异，当然学历也就越来越高。据统计，在各个大中城市的小升初、中考和高考中，女生的成绩普遍都会比男生更好一些。可为什么学历越高，做剩女的机会就越大呢？通俗一点来说，学历高的女生，已经在有意无意中"炼成"了一个**"二合一"的隐形两性人**。

什么是"二合一"的隐形两性人呢?

就是说在她的身体里面,既有一部分的女性显性特质,也有一部分的男性显性特质。心理学大师荣格说过:在每一个人的内心,都住着一个男人,也住着一个女人。就像本书第三章里说的阿尼玛和阿尼姆斯一样,其实我们每一个人都有阴阳两面,只不过平时主要还是呈现出符合身体性别的那一面。而在高学历的女生内心,她的男性特质,也就是说理性、逻辑和推理的部分会明显强于一般女生。因为从小学到中学,从大学到研究生,她接受了严谨、苛刻的应试教育和学术研究训练,这样的女性在处理人生大事的时候,就会权衡各方利弊。从感性的层面,要求对方既要帅气、整洁、正直、大气,又要心地善良、内心强大,总之既要养眼又要可靠。同时从理性的层面,她又很逻辑、很现实,要求对方必须有一些经得起分析的前提条件,比如说工作、财富、名誉、地位,当下的现状和未来的发展,她会像分析一只股票一样,把这个男人从头到尾、从感觉到理性、从理性到感性、从过去到现在、从现在到未来,分析得清清楚楚、明明白白。然后她就发现,哦,原来根本没有一个可以满足自己全部条件的男人,特别是在同龄的男生之中,能够全面达标的可以说是寥寥无几。

因此,就不要奇怪为什么高学历的女性更喜欢大叔级的男士了。大叔控的女生一般有两种情况:一种是从小缺乏父爱的,另一种是特别被父亲溺爱的。前一种女孩如果遇上一个年长的男士诱惑性地对她好,她就会迅速坠入爱河,因为在她的内心,有着很深很深的、强烈的对父爱未满足的渴望,这种潜意识的未满足的渴望压抑着强大的能量,如果有一个合适的大叔能够部分替代曾经缺失的父爱,对于这样的女生而言,基本上是无法抗拒的。特别是高学历女性,如果有父爱的缺失,又已经被剩下,年龄也不小了,就更容易接受大叔级别的优秀男性。同时,从理性的角度来考量,大叔级的男性也能更好地理解她们,更好地关爱她们,更容易满足她们的**"理性+感性"的双重标准**。

正如前一节所说的那样，青春年少的女生综合得分普遍会高于同龄的男生，导致年轻的女生不容易看上正在奋斗中的"一穷二白"的"小鲜肉"。更要命的是，当女人到三十多岁的时候，就更看不上同龄的男人了。为什么呢？第一，同龄的优质男人绝大部分已经结婚了，条件好的，或者跟自己差不多的，都已经名草有主了。同时，这个阶段的女人，会觉得既然自己已经"挑"到现在了，就更不能凑合了！一定要找一个更好的、更优秀的，才对得起自己这么多年的寻觅和等待。如果一个男人想要追求这样的一个女性，必然面临着巨大的挑战。

首先，敢于追求比自己强的或者跟自己差不多的高学历女性，这样的男人本身也是比较自信、内心比较强大的。其实现在越来越多的男生也希望能够找到跟自己一样强大，甚至比自己更强大的女伴。一方面现在的生活压力确实越来越大，年轻的男人又很难有一个好的经济基础；另一方面，现在的**男人也越来越在意跟伴侣在思想、情感、眼界、事业等方面有一定的交流**。当女人变得更理性的同时，男人们貌似也变得越来越感性了。有些男生刚开始找情侣的时候，可能喜欢年轻漂亮的女生，可是在交往一段时间以后，却发现无法有更深入的交流，两个人的关系也就渐渐疏离了。打个不恰当的比喻，年轻漂亮的女生更像烫手的山芋，闻着香，吃起来烫嘴；成熟理智的女生更像烤熟了但并不烫手的山芋，闻着没有那么香，但好吃不烫嘴，吃起来更轻松。

对于想要追求高学历女生的男生而言，首先就是要破除自己的陈旧观点，也就是说，首先要转变的是心态。

在前一节里讲述了"女追男"的四个前提，现在来说说"男追高学历女性"的四个前提。

第一个前提，也是要觉得女方对自己有起码的好感。如果你觉得人家对你完全没兴趣，甚至有点讨厌你，那你就要好好考虑一下花这个工夫值不值，能不能承受有可能受到的伤害和侮辱。同样的，怎么看女生对你有没有好感呢？多创造机会跟对方接触，从她的话语、她的目光、她的肢体语言来感受她是不是对自己有一些好感。

第二个前提，就是要注意一般的高学历女性看上去貌似都比较矜持、比较清高、比较傲气，千万不要被这种表面现象所迷惑。其实越是这样的女性，内心越是孤独、寂寞、缺爱的。你必须豁得出去，即便是厚着脸皮也要多了解一些她的需求，在关键的时刻给她一些支持和帮助。

第三个前提，就是要知道怎样营造一些亲和的氛围，怎样使用一些隐秘的技巧，去追到这个高学历的女性。因为她们自尊心都比较强，所以你要做好一个打持久战的心理准备。多多准备一些"小武器"和"小法门"，比如在仰慕的同时也来一点欲擒故纵的点缀呀，也假装跟别的女生接触接触，展现出自己也很受其他女性的青睐呀，以此来激发出她的嫉妒心。

第四个前提，还是要让自己变得更加优秀，这是根本性的战略战术。只要你是优秀的男人，相信你看上的女人自然也会看上你。那怎么让自己变得更优秀呢？其实没有那么难，只要有针对性地改变一些不利于谈情说爱的行为模式就可以了。

在追求高学历的女生之前，你还需要做什么？

对于中国的男人，有两点是需要特别改进和提升的。首先是要对自己的外形有一个自律的控制。这跟你的高矮胖瘦或者长相俊丑没有多大的关系，只是要让自己变得更加神清气爽，更加自信帅气。从整洁的着装、得体的发型到口腔的卫生、指甲的卫生，以及整个身体的体味，都要保持一个比较干净、清洁的状态，没有哪个女生喜欢一个邋遢的男性。女性都是感性动物，都是视觉系生物，她首先要看的就是你的外在可不可以散发出正能量的吸引，这是非常非常重要的！其次呢，就是要让自己懂点儿浪漫的情感，学点儿谈恋爱的技巧，有意识地制造一些浪漫的氛围，让女生感受到你所花的心思和真诚的心意，这同样是非常非常重要滴！

还有在行为的层面，想要追求"左脑也发达、右脑也发达"的高学历的女性，必须有**三个舍得**。

第一个舍得，是要舍得时间，起码在谈恋爱的初期你要花足够的时间关注她、关爱她、陪伴她。当今不是有一句流行的话说，"要看你心里是不是重视一个人，就看你愿意分配给她多少时间"吗。经常混在一起的两个人，更容易日久生情，厮守一生。

第二个舍得，是要舍得花钱，不管你有多少钱，有小钱花小钱，有大钱花大钱，把自己基本真实的经济实力真诚地告诉对方，让对方觉得你已经把她的需求排到了你自己的前面。比如要记得给她送礼物，礼物不在大小，关键在送对了需要。**女性都是礼物的俘虏**，特别容易被那种精心自制的礼物触动情感的按钮。当然，节假日带女伴去度度假，玩一玩，看看电影，吃吃饭，那是免不了的情侣活动。有人说过，"没有一起旅行过的恋人不是真爱"，这句话是有深刻的寓意的。在身心放松的游玩中，最容易暴露出真性情，而且更容易让女性对你产生一种依赖感，你不就有更多的机会拉深感情了吗？

第三个舍得，是要舍得花力气，就是在一起的时候要能够让女性感受到你是一个勤快的、有执行力的、可以依靠的人。你什么都愿意为她做，她有任何需求你都会尽量满足，当然是在你力所能及的范围内（如果女生提出了特别出格的要求，不是在考验你，就是要折腾你，建议你运用脑筋急转弯的幽默方式轻松化解，千万不要掉进坑里）。你会发现，当你勤快地为女生服务的时候，是会有很多机会跟女生进行肢体接触的，接吻啊，拥抱啊，这些都不是精心设计的，而是在亲密互动的时候自然而然发生的。

说到这里，你有没有发现，不管是"男追女"还是"女追男"，去追的那个人都挺心累的，因为他（她）不仅要先做好自己的功课，而且在追求的过程中还必须忍辱负重。自我成长是"有资格"去追求心仪异性的必备条件，**没有自我的成长，也不可能有真爱的发生**。自我的成长包括两方面：一方面要让自己变得更优秀、更丰富，能够由内而外有一个好的整体面貌，拥有正向的吸引力和正向的高能量；同时，也要学一些技巧和方法，能够读懂对方的一些肢体语言、语声语调和想法心思。其实口头语言的表达未必是真实的意愿，在信息的有效传递方面它只占到7%，而语声语调与肢体语言占到情感表达的90%以上，所以在恋爱过程中，学一点"读心术"是非常有用的。另外，对于中国的男性而言，还需要补上一课**"爱的教育"**，因为中国的应试教育把男人们都训练得太理性、太逻辑、太不会表达情感了。"爱的教育"这门功课，是每个人都必须修的，只有把自己准备好了，给自己先装上一颗闪闪发亮的爱己爱人之心，才可能好好地去爱别人，也才能够接得住别人传来的爱意。

真爱发问神回复

◆**问：** 剩男剩女是怎么产生的？

◆**答：** 先来看看大部分（特别申明，不是全部噢）剩男剩女的主要群体特征你就知道了。**剩男：** 理性、内向、自尊、邋遢、少金、宅；在爱情的面前往往表现出呆、傻、痴、愚的鲜明特色。**剩女：** 清高、孤傲、敏感、幻想、自恋、忙；在爱情的面前往往表现出孤、冷、精、怪的个性特质。请问这样迥异的两个群体，怎么能轻易擦出爱的火花呢？所以，如果你不想变成剩男剩女，就赶紧从改变自己做起吧！由内而外地改变自己的思想、行为和期待吧，特别是要改变自己的**"嫁娶观"的信念**，想清楚在残酷的现实当下，自己究竟想不想走进那个叫作"婚姻"的围城？如果你觉得"好吧，我妥协"，那就请抛弃对完美爱情的幻想，降格以求，加入俗世的婚姻城堡吧；如果你坚守"宁缺毋滥、宁剩不屈"，也就不要在意别人叫你剩男剩女了，你有"剩下"的权利，别人也有叫"剩男剩女"的自由，走自己的路，让他们叫去吧；还有，假如你选择做"单身贵族"，就更要强大自己的内心了，你要有充分的心理准备，可能一辈子都被人当作"精灵怪物"，很可能成为这个社会的边缘人。没办法，人们总是更容易接纳"从众"随大流的人，既然你有你的不同，下定决心做"小众"，也就不要在意世人的冷眼旁观，甚至冷嘲热讽了吧。

◆**问：** 为什么总是在错的时间遇上对的人？

◆**答：** 因为女娲造人的时候就没能同时造出男人和女人，先造的男人，后造的女人。年轻的女人拥有更高的心智情感和繁衍资本，而成熟的男人拥有更多的人生智慧和生活财富，人生的功课和磨难往往就是让时空造成身与身的擦肩而过和心与心的失之交合。还有，你有没有想过，什么是错的时间？什么又是对的人？假如"时间"和"人"是一个坐标系的"横坐标"和"纵坐标"，里面会有多少个"对的人"和"错的人"呢？**心像罢了！** 这个点的"对的人"，移到另一个位置，就未必是"对的人"了——当你站得更高、看得更广的时候，就会发现，没有人的对错，只有事的因果。

◆**问：我为什么变成了一个大叔控？**

◆**答：** 告诉你一个小秘密：其实年轻的女孩子，大部分都有点喜欢成熟的男人，因为成熟的男人身上多多少少都具有父亲的特质，所以从某种程度上来说，**女生潜意识里都是"大叔控"**，只不过有的女生可以理性地抑制这种情感，会有意无意地回避这种人际交往；而有的女生就比较随意，碰上了也不拒绝，任由自己的这种"恋父情结"泛滥下去，结果就可能真的恋上大叔或被大叔所恋了。

我们在前面已经说过了，"大叔控"的女生一般有两种情况：一种是从小特别缺乏父爱的，另一种就是特别被父亲溺爱的。前一种女孩如果遇上一个年长的男士诱惑性地对她好，就会迅速坠入爱河，因为在她的内心，有着很深很深的、强烈的对父爱未满足的渴望，这种潜意识的未满足的渴望压抑着巨大的能量，如果有一个合适的大叔能够部分替代给她曾经缺失的父爱，对于这样的女生而言，基本上是无法抗拒的。特别是高学历女性，如果有父爱的缺失，又已经被剩下，年龄也不小了，就更容易接受大叔级别的优秀男性。同时，从理性的角度来考量，大叔级的男性也能更好地理解她们，更好地关爱她们，更容易满足她们的"理性+感性"的双重标准。

后一种曾经被父亲溺爱的女生，也会对"大叔级"的男性有强烈的好感，但因为潜意识里并不缺乏父爱，所以不会那么容易真的恋上大叔——怎么可能有什么"大叔"比得上曾经那么溺爱自己的"父亲大人"呢？心理学认为，忘年恋跟内心的需求、内心的渴望，尤其是儿时未满足的事件密切相关，比如父爱的缺失、母爱的缺失导致的恋父情结、恋母情结等。如果儿时没有太大的缺失，就对这种"忘年恋"具有足够的免疫力，可以喜欢，但不会恋爱。

◆问：为什么我爱的人不爱我，爱我的人我不爱？

◆答：直说吧，因为**我们都喜欢那些比自己更优秀的异性啊！**

女人就不用说了，百分百喜欢比自己优秀的男人，对吧？其实男人也一样，心里也都喜欢比自己优秀的女人，最起码长脸呀！没看见李晨有了范冰冰，眼里再也没有别的女人了吗？没看见汪峰为了章子怡，先是急急高调地宣布与前任离婚（一般明星离婚可是机密事件，轻易不会很快让公众知晓的），然后又急急高调地在演唱会上向"怡"示爱吗？没看见精打细算的吴奇隆，为了迎娶刘诗诗不惜花费十几个亿吗？还有京东的强哥，不是也憨憨地笑着大秀与清华才女"奶茶妹妹"的恋情吗？还有，王力宏娶了哥伦比亚大学的女生（神），李云迪娶了哥伦比亚大学的女生（神），Facebook的创办人扎克伯格也娶了哈佛大学的才女……这样的例子不胜枚举，你再不信，就是昧着良心不肯、不愿、不敢相信了。如果女人到现在还相信诸如"嫁汉嫁汉，穿衣吃饭"，"男人喜欢比自己低（差）的女人"那样的废话，那就等着天上掉个馅饼变成男人吧。

为什么你爱的人不爱你？因为你还不够人家的"优秀"标准；为什么爱你的人你不爱？同样的，人家不够你的"优秀"标准。男人之所以嘴里说"喜欢找比自己弱的女人"，那是因为他知道，比他强的女人，他找不着也hold不住，只好退而求其次，找个踏实过日子的女人将就吧。这样的男人找到你，你又不愿意，因为你想啊，hold不住优秀女人的男人，你会看得上吗？

还有，神也忍不住多说几句：当你爱上一个人的时候，你就容易给人家暗送秋波，有木有？你就容易对人家言听计从，有木有？再告诉你一个秘密，没有哪个优秀的男人会真心喜欢那种把自己当成神一样膜拜，对自己百依百顺的"女情痴"。**对于男人来说，只有费心过、努力过或打拼过的东西才弥足珍贵**，因为男人天生就是喜欢竞争的动物，竞争的过程和结果关乎男人内心深处的价值观和成就感（这可是男人最看重的东西）。而女人的自尊、自爱、自强才是对男人致命的杀手锏。所以，即使你真的爱上了一个男人，也不要轻易地表露出来，而是要有理、有利、有节地诱惑他，欲擒故纵，运筹帷幄，这才是爱情的高手。

以上"神回复"的内容，反过来对男人也同样适用。说到底，不管是男人还是女人，想要选择情投意合的终身伴侣，超越"我爱的人不爱我，爱我的人我不爱"的迷局，只有一条明路可以走，那就是：**让自己变得更加优秀，比你爱的人还要优秀**！到那时，你就可以款款地回过头来"降格以求"，随便找那些过去比你优秀，现在没你优秀的异性"百里挑一"啦。记住：**如果说恋爱拼的是年纪和性情，婚姻拼的就是才华和实力啊**！

趣味心理测试四：你适合跟多大年龄差的男人谈恋爱？

请按照你的直觉快速在每一道题中选择最符合你的那一项：

第1题　跟朋友一起去生疏的城镇迷了路，你会：

A.找警察或路人询问一下。

B.不管怎样，根据地图往前走。

C.很无助，像是要哭出来了。

第2题　有一辆可以两人骑的自行车，你想骑：

A.前面。

B.后面。

C.前后都不骑。

第3题　两个人出去旅游，遇见一条溪流，你希望：

A.他背着你越过溪流。

B.他拉着你的手走过去。

C.搬石头垫脚走过去。

第4题　两个人一起乘车时，离开车还有30分钟空闲，你喜欢：

A.两个人先到附近散散步。

B.坐到车站长椅上等候。

C.到小卖部买些什么吃吃。

答案请见本书附录部分。

第五章
自恋是爱还是病

人人都有点小自恋，只要不是过度自恋；不会爱自己的人，也不会爱别人，适度的自爱令人有更高的心灵能量和心灵免疫力；男人比女人谁更自恋，结果令人大跌眼镜。

先爱别人，还是先爱自己

　　爱情是两个人的事情，既然是两个人的事情，就会有爱的流动和爱的传递。在这个爱的流动和传递之中，双方都需有付出和回报。真正意义上的爱情，一定是两个人有相对平衡的付出和回报，也就是说，我也爱你，你也爱我，我也为你付出，你也为我付出。任何一方过多或过少的爱与付出，迟早都会出现问题。当然，爱情也会有奉献，也可能在某个阶段，有一方付出更多，但是，在两个人相爱的整个过程中，一定是相互关爱、相互付出的。

　　所谓真爱，一定是既爱对方，也爱自己的。不会爱自己的人是不可能真正地去爱别人的。为什么呢？因为如果一个人连自己都不爱，或者说连自己都不会爱的话，那又怎么可能好好去爱别人，又有什么能力去爱别人呢？所以说，一个爱自己的人，一个知道怎么爱自己的人，才会真心地去爱他人，也才会让对方感受到一份发自内心的积极的爱。

　　其实，大家现在都知道，不管是男人还是女人，一定要学会先爱自己，再去爱别人。特别是对女人而言，学会正确地爱自己非常非常重要。有一句话说得好："当一个女人学会爱自己的时候，别人也就开始爱你了。"在这个连爱情都变成了快餐食品的当下社会，男人和女人都承担着巨大的工作和生活压力，相爱也变得越来越不容易，有太多现实的约束和心灵的困境。如果一个人连爱自己都不会，可能渐渐地连爱的感觉都会失去。所以，当你真的要开始谈恋爱，找寻属于你的真爱的时候，第一件事就是要学会先爱自己。

那么，怎样才能学会爱自己呢？

先来看一看一个人可以从哪些方面学会爱自己。一个爱自己的人，一定是一个全方位接纳自己的人，无论从自己的身体、思想、心灵，还是自己跟外界的连接，跟他人的关系，都安然地接纳现实的存在。从这个角度来说，不管你是男人还是女人，都可以从以下六个方面来学会爱自己。

（一）觉察自己的身体，关注自己的内心

当我们可以每天、每时、每刻都有意识地觉察自己的身体时，你会很细腻地感受到你对身体的感觉，你的头、你的脖子、你的身体、你的五脏六腑、你的手、你的腿、你的脚……它们在当下是什么状态呢？有什么感觉呢？比如说，当你工作疲惫的时候，你会不会停下来闭上眼睛，做几个深呼吸，感觉一下自己身体的感觉是沉重的，还是无力的？感觉一下你吸入的气息是如何在身体里流动的？当气息进入你的鼻子，流过你的鼻腔、喉腔、胸腔、腹腔，然后慢慢地又经由腹腔、胸腔、喉腔、口腔、嘴唇呼出来的时候，你会有什么感觉呢？你什么也不用想，没有思考，没有评判，只是去觉察身体的感受，感受气息在你身体里流动的感觉。还有，每天晚上睡觉之前，你会不会躺在床上，和你的身体做一个几分钟的连接呢？你会不会做一个简单的身体扫描，用你的意识跟你身体的每个部分说一声："你好，谢谢你又陪我度过了一天，谢谢你，我爱你。"当你能够用这样的方式来觉察和关注自己的身体，感受身体的每一个部位的状态时，你也就开始了"爱自己"的第一步——将自己的意识与自己的身体进行连接。

当你开始觉察自己身体的时候，自然而然地你也会关注到自己的内心。你会发现你的内心其实有很多的感受、很多的情绪，高兴的、快乐的、忧郁的、烦闷的……每一天都好像要经历很多很多不同的感受和感觉。比如在上班的路上看见拥挤的车流，你会感觉有点烦躁。然后，你来到公司，走进你上班的地方，也许你会看见上司微笑的脸庞，你的心情瞬间多云转晴了，接下来的一天工作都很顺利。下班以后你有可能逛逛街，或者去公园走一走，呼吸一下新鲜的空气，看一看休闲的人们如何享受生活。当然，更重要的是，当你在夜晚静下心来的时候，跟自己的内心做一个简短的对话，问问自己这一天的工作和生活有没有什么收获，有没有什么高兴的事或者沮丧的事，为什么高兴又为什么沮丧，不评判，没有好坏，没有对错，只是觉察，只是有意识地关注。当你可以常常这么做的时候，恭喜你，你已经开始踏上用心爱自己的温馨旅程了。

（二）活在当下，珍惜眼前，让爱流动

在恋爱的过程中，谁都有可能经历几段分分合合的爱情。有些人对过去的旧爱很难忘怀，也有的人对自己的前任颇有微词。可是你知道吗？这些内心的烦恼和阴影最终影响的都是你自己！当你开始学习爱自己的时候，你就要知道，过去的已经过去了，当下才是未来。从现在开始，珍惜当下的每一时、每一刻，珍惜眼前你爱的那个人和爱你的那个人，这才是最最重要的！让当下的这份爱流动起来，放下过去，面向未来，把握好现在，珍惜眼前人，让自己的身心活在当下，把当下的工作和生活用当下的资源和状态安排好，充分享受当下的生活，感恩自己所拥有的一切，你会发现，其实你非常富有！如果你开始有一点心灵富足的感觉了，恭喜你，你真的开始"爱生活、爱自己"了。

（三）学会享受一个人的时光，享受一个人的寂寞

当你可以开始爱自己的时候，你会发现，即使一个人独处，也会有很多的满足和惬意。在既短暂又漫长的人生之中，学会享受一个人的时光，

学会在寂寞中成长，是每个人都要用心学习的一门必修课。

当一个人开始享受生活的时候，就好像开始跟自己谈恋爱一样。工作的时候，跟自己在一起，下班回家，也许有些疲惫，也许只有你自己一个人，可能会有点小小的寂寞，但是你知道吗？有一个人始终跟你在一起的，那就是你自己！你跟你自己在一起，不也恰恰是一个人的独处和两个人相处的不同吗？你可以完全按照自己的想法享受这一段时光，也许可以听听音乐，也许可以给自己做一顿美食，或者可以一个人看一部影片，整理一下照片。你不仅可以好好享受这份平静、悠闲的时光，也可以利用这个时间收获很多意外的惊喜呢。比如培养一个爱好、写写日志、学学绘画、练练书法，等等。要知道，**所有生命的成长，恰恰都是在寂静的时刻发生的**，比如春天的花草、秋天的果实，都是在万籁俱寂的夜晚徐徐绽放、默默成长的。

（四）清晰自己的优势短板，不盲目与他人比较

我们每个人在这个世界上，都是独一无二的。世界上没有完全相同的两片叶子，就像没有完全相同的两个人。即使是双胞胎，也会有不少的差别，这就是造物主的神奇所在。当你能够理解**你是上天给这个世界独一无二的礼物**时，你想怎么样去回报上天呢？会不会想通过自己一生的努力还上天一个奇迹呢？

每个人都是独特的，意味着每个人都有不同的优点和不足。当我们开始爱自己的时候，先期要做的事情之一就是要亲身体验一下自我审视的感觉，了解一下自己跟别人到底有什么不同。需要提醒的是，这不是一个找寻自己优点或缺点的评判过程，而是一个认知自我、探索自我、发现自己的特长和特质的自我画像的过程。

第一步，找一个安静的时间、安静的空间，让自己慢慢地静下心来，客观地想一想自己的过去、现在和未来，看看自己有哪些长处和优势，又

有哪些不足和短处。好，差不多想好了以后，拿起一支笔，在一张白纸上写下自己的五个优点和五个不足，然后平静地看着这些优点和不足，就好像是看着另一个自己一样。觉察一下自己的内心，你接受这样的自己吗？这真的是你眼中的自己吗？这是第一步。

第二步，你需要找你周围最了解你的五个人，或者是跟你常常在一起的朋友、同事、亲人，请他们从中立客观的角度写下你的五个优点和五个缺点，告诉他们这不是一个评判的邀请，而是一个自我探索的过程，需要他们都讲出真心的看法，告诉他们这样做是为了让你变得更好。

第三步，把你写的优点、不足和他们写的优点、缺点进行比较，你一定会发现有很多不一样，你会惊讶于自己对自己的看法，与别人对你的看法有多么大的不同！在这个自我认知的测评过程中，你不仅会更清晰自己的优缺点，也会更加了解自己的人格特质和待人处事的模式，帮助自己全方位地认识自我；然后，接受这样全息的自我；再然后，慢慢地爱上自己。试想一下，如果一个连真正的自我都不了解的人，又怎么可能爱自己呢？即使爱了，也不是真正意义上的爱自己，因为"逃避和掩盖"了太多的部分，你以为爱上的那个自己，其实不是真正的自己。

（五）学会给自己奖励，也会适时给别人赞美，有能力包容别人的缺点

当你学会爱自己的时候，你会时不时给自己一些奖励。比如辛辛苦苦加了一天班，也许你会奖励自己一个泡泡浴；比如成功攻克了一个难题，也可能给自己一个小小的礼物，一束美丽的花，或者一件心仪的电子产品。当我们学会适当地给自己奖励和礼物，知道在恰当的时候给别人赞美，而且跟别人有冲突或者误解时，能够坦然地接受别人的不足和缺点时，我们就真的开始爱上自己了，因为我们内心的自尊、自爱已经是自己给的了。不再需要别人给自己"自尊、自爱"时，自己不仅可以与别人和睦相处，坦然面对别人对自己说的真心话，还可以友好地反馈自己的感受和想法，这才是真正的爱自己，因为一个爱自己的人一定有足够的自信心、有足够的能力和正能量去面对别人、面对自己。

（六）会用幽默化解自己的过失或失败，而不是耿耿于怀地责备自己，不放过自己

幽默是一种巨大的心灵能量。当我们用幽默的方式来应对困境和失败时，可以说你已经是爱自己的高手了。因为幽默不是一般人能够轻易做到的，只有当一个人有足够强大的心灵能量时，才会拥有幽默的能力——是的，幽默不仅仅是一种行为的表现，更是一种能力的显现。因为幽默带给人们的不仅仅是轻松、诙谐的感觉，更多的是一种力量，这种力量甚至可以化险为夷，扭转困境，救爱情的命。

有一对恋人在飞机上吵架了，女孩儿哭着说下飞机就跟男生分手。飞机降落了，男生想牵着女孩儿下飞机，女孩儿坚决不肯跟着男生一起走。这时飞机上的广播响了："请各位乘客带上您的贵重物品离开。"男生灵机一动，幽默地说："走吧，贵重物品。"女孩儿"扑哧"一下笑了，云开雾散，两个人高高兴兴地一起下了飞机。

爱情中的两个人，其实有太多的不同，零距离的朝夕相处自然会出现不少冲突，而这些冲突本身就是爱情的功课。如果能用幽默的方式化解这些冲突，让双方都能轻松地转换心态，接受这些冲突，并从矛盾和冲突中学习和成长，两个人的关系就会处于一个良性循环的上升轨道，更容易修成正果（走进婚姻）。因此，假如你要学会爱自己的话，不妨从培养幽默感开始。虽然幽默感的培养并不简单，但至少你可以去尝试、去实践。当你开始幽默的时候，你就会真正体会到"退后一步天地宽"的境界和情怀，夸张一点说的话，有幽默的爱情，才是幸福的爱情；有幽默的生活，

才是旷达的生活。现在，你就不难理解，为什么西方女性在选择恋爱对象和终身伴侣时，最看重的积极品质就是"幽默"了。在中国，幽默的男生也更容易受到女孩子的青睐，过于内向、拘谨的人越来越不受欢迎。

一起来看一个好玩的"爱情启事"吧：

某大学的教学楼门口有一块黑板，同学们常在上面写各种启事。一天，黑板上出现了这样一行字："安娜，我爱你。"

安娜是公认的校花，众多男生中的女神，这则启事自然引起了很大的关注。

第二天，在那行字下面出现了一行秀气的小字："你是谁？报上名来。"落款是安娜。安娜居然回复了！这大出同学们的意料，很多同学开始关注这块黑板，都想看看到底是谁在追求校花。

很快，秀气的小字下有了回复："中文系一才子。"第二天，安娜也回复了："既然是才子，就对个对联吧。对得好，我们接着联系。我的上联是：癞蛤蟆仰头望天鹅。"同学们看了都觉得好笑，这分明是在讥讽才子，不过才子可没气馁，第二天他写出了下联："韦小宝俯身摘鲜花。"

又过了一天，安娜的小字又出现了："第一关算你过了，如果你真的爱我，明天中午十二点，你拿着九十九朵玫瑰在教学楼前的空地上大喊三声：安娜，我爱你。我就会走出教学楼接受你的鲜花，你有勇气吗？"

第二天早晨，黑板上出现了才子的回复："没问题，你等我。"

到了中午，教学楼前的空地上人山人海，同学们都纷纷前来看热闹，就连教学楼里面也有很多人趴在窗口往外看。到了十二点，果然有一个人捧着玫瑰来到了教学楼前，不过，他没有喊，而是拿出了一幅长长的条幅，他把条幅放到地上慢慢地展开，几个字露了出来："今晚七点，5号楼后草地……"

这是什么？是约会的时间地点吗？同学们十分好奇，更加聚精会神地看下去，只见这个人把条幅完全展开了，同学们终于看清了条幅上剩下的几个字："心风文学社团成立大会等你来。"

原来，这是个精心策划的广告！

结果是，文学社的成立大会热闹非凡，很多同学都跑来打听那段莫须有爱情的最终结局——他们宁肯相信真的有一位才子爱上了佳人，他们宁肯被一份寻找爱情芳踪的真诚长久地感动……

这就是爱情的力量，永远是那样的不可思议！

当你开始爱自己的时候，就会拥有越来越多的心灵能量，也就会有更大的动力和更高的自我，同时还会具有更强大的**心灵免疫力**。美国医生皮尔逊做过一个匪夷所思的研究，他发现两百名参加同一个宴会的宾客吃了同样的食物后，其中一半人中毒，另一半人却安然无恙。他非常好奇，就想了解其中的奥秘。经过调研和分析后发现：那些没有中毒的人态度更加积极乐观，自我价值更高，更加看得开，处事更有弹性，而且他们更会享受生活，会给自己奖励，同时也更加幽默、更加宽容。用心理学的话说就是：**内在心灵的正能量更加强大**。原来，当一个人的心灵能量越强大时，他/她就越健康，因为身体的免疫系统更给力。也许你之前没有想到吧，**心灵能量的提升居然会增强身体的免疫力**！所以你看，当我们开始爱自己，开始觉察自己的身心，开始让爱流动，开始享受自己的时光，开始清晰地认识自己、给自己适当的奖励、让自己变得幽默时，我们就会收获很多意外的惊喜，对不对？我们会发现身体更好了，内心更加自信了，行为也更加积极正向了。我们会更加勤奋、努力，也会更加大方，仁慈；看见自己的好，也看见别人的好。关键是，我们终于知道，我们"有资格"爱自己，爱他人，也"有资格"享受美好、甜蜜的爱情了。

自恋是自爱，还是一种病？

说到自恋，就不得不提起一种植物——水仙。水仙是古希腊神话中一位少年的名字。这位少年是河神与水神的儿子，是一个俊美而自负的少年，这位少年长大后成为全希腊最俊美的男子。可是因为那时没有镜子，所以，他从来不知道自己长得什么样子。

这位少年的美貌为全希腊的女神所倾倒，但他对所有的求爱者都无动于衷。很多女神被他的美貌迷住，陷入对他的爱中无法自拔。被他拒绝的众多女神纷纷要求复仇女神惩罚他，复仇女神同意了她们的请求，让这位美少年在打猎归来时路过一片池水，让他在池水中看到自己倒影中那张俊美的脸。当少年看见自己在水中的倒影时，他无可救药地爱上了自己，没办法离开自己的目光，最后伤感、憔悴而死。后来，在他死去的地方长出了一株水仙花，被认为是这位少年的化身，"水仙"，也就成了这位极度自恋少年的名字。

从这个故事来看，自恋似乎不是件好事。但其实在生活中，自恋是无处不在的，甚至可以说每个人都有一点小自恋。自恋本身并不可怕，可怕的是过度自恋。就像自私一样，人都有自私的一面，只要不过分，其实都是可以理解的。

自恋分为健康的自恋和不健康的自恋。所谓健康的自恋，跟上面所说的"自爱"相近。健康的自恋是恰当地爱自己，也是自己接纳自己的一种方式，爱自己并不等于自恋，"爱自己"只是接纳自我，觉察自己，懂得享受自己的现实生活。

人人都有点小自恋

说**人人都有点小自恋**，并不是说每个人都像神话里的水仙少年那样近乎病态的自我欣赏，而是指适度的自爱。适度自爱的人有着合适的自尊和自信，对自我有比较清晰的认知，知道自己有好的特点，也有不足的一面。而不健康的自恋，多少会有一些心理上的病态。

不健康的自恋有几大特质。首先他会更关注自己，非常注重外在的成功和荣耀，比如说他会醉心于事业、金钱、地位、权力、才华、美貌等，同时对爱情的要求也相当苛刻、完美，这就是所谓的过度自恋。这些过度自恋的人认为自己非常非常重要，没有谁比自己更重要，所以他们很难跟别人建立稳定的亲密关系。过度自恋的人寻找恋人时，更乐意找和自己相似的人，因为他/她认为自己很完美，也只接受跟自己一样完美的伴侣。

但是，两个过度自恋的人在一起并不会彼此欣赏，只会彼此伤害。很难长久维持亲密关系的存在。因为过度自恋的人是很难改变的，他们在亲密关系中并不把对方当作重要的人，而是把对方当作自己的一部分的延伸。他们会对情侣进行情感的剥夺，你越和他亲近，他越剥夺你，比如说把自己的想法强加于你，希望你对他保持一种特别的顺从和认可。同时，过度自恋的人活在自己的世界里，严重缺乏共情的能力，不会站在别人的立场去理解和体会他人的感受。如果是一个男性的自恋者，对恋人说的任何不好听的话都是没办法接受的，甚至是根本听不见或完全听不懂，不可能站在恋人的角度去看待问题。

极度自恋的人也很容易嫉妒，容易嫉妒别人，也常常觉得别人嫉妒自己的完美。拥有健康自恋的人看到别人成功会认为你很好，我也很好，我们都很好，只不过好的方面不一样。而极度自恋的人会无法忍受别人的好和自己的不好，他总是过度地关注自我，呈现出病态的自恋，对亲密关系的建立和维系是有心理障碍的，对爱情的追求也更多地停留在自我欣赏的层面。

过度自恋的人有如下特征：

（1）容易过度地夸大自己的才能和成就，夸大自己的重要性，总觉得自己非常完美，非常重要。

（2）沉溺于外在的成功，热衷于权利，爱幻想完美的爱情和完美的对象。

（3）认为自己有一种特殊的光环，自己所有的道理和所有的见解都是对的，而且只有自己才拥有这样的才华。

（4）有一种至高无上的荣誉感，很期待别人认为自己与众不同、出类拔萃，甚至令别人没办法靠近，只能仰慕。

（5）喜欢把自己放在支配者的位置，喜欢控制、指使别人，乐于在人际关系交往中占便宜，会让人际关系严重减值。

（6）缺乏正常的认同感，不会清楚地认识到自己的特点、长处或不足，认为自己是非常完美的，完全不能接受别人对自己的指责、批评，或别人提出的意见。

（7）缺乏同情心，不会共情，而且嫉妒心超强，见不得别人好，只能自己好，别人好那都是假的，别人说自己不好也是因为嫉妒自己。

（8）内心有一种深深的怀疑感，对于任何人和事都不信任，只相信自己是最厉害的、最正确的。

可以想象，这样病态自恋的特征，在婚恋中肯定是会出问题的。心理学的研究也发现，过度自恋的人很难拥有幸福美满的爱情和婚姻生活。

过度自恋的人格特质是怎么形成的呢？

心理学鼻祖弗洛伊德和其他的心理学家认为，**自恋的形成可以追溯到童年的婴儿时期，一岁半到三岁这个年龄段**。在这个成长阶段，每个个体都是以自我为中心的，都有一点自大自恋的倾向。因为这个时候必须靠成人的照顾来生存，所以必须用夸张的表现来得到关注。比如说婴儿稍稍得不到满足就大哭大叫，用这种方式来要求获得满足。如果自己的要求很快获得满足，就会比较快乐；如果得不到满足，就会暴怒，会更加哭闹，会感觉有爱的缺失。

经典的精神分析对自恋是这样解释的：因为自恋者无法把自己本能的、心理的力量投注到外界的事物上，所以就将它留在自己的体内，形成自恋。现在的客体关系理论认为：自恋型人格障碍的特点是以自我为客体，也就是你我不分，他我不分。造成这种现象的原因是个体在早年的经历中体验过人际关系的创伤，比如与父母的长期分离，或者父母关系的不合，或者父母对自己的态度过于粗暴或溺爱。这些经历使得自恋者认为爱自己才是安全的、理所当然的。

许多自恋者有明显的利己主义和个人主义倾向，他们通常都是自我夸大、自我赞美、自我表现的，常常幻想自己的容貌出众、才华横溢、能力超群，有不劳而获的思想。在情感和内心世界中，有强烈的孤芳自赏的心态。在人际交往中，以自我为中心，处事极端化，当受到批评或遇到挫折，遭遇失败后，就表现出震怒、自卑，极度羞愧，无法面对，常常有过激或抑郁的反应。

引用这些心理学的理论阐述，主要是想让我们清晰地认识到：过度自恋是一个人小时候逐渐形成的一个固执的处世程序，很难通过正常的恋爱关系来改变，只能通过更深层次的心理咨询和治疗，消除小时候的负面阴影对现实生活的影响，通过自我探索和自我改变，从小我的世界里走出来，开启大我的视野和对这个世界的信任。简单来说，就是只有通过心理的辅导和心灵的成长，提升大爱的能力和能量，过度自恋者才有可能拥有长久稳定的爱情和婚姻生活。

在现实生活中如何区分健康的自恋和不健康的自恋呢？健康的自恋相信自己是可爱的，不在乎别人的评价，他首先对自己有种基本的信任，认为自己就是值得喜欢的。而不健康的自恋者是难以区分现实和幻想的，凡事都是凭主观想象的，他们要求现实也一定要达到绝对完美的程度，对他人也很强求。要求他人要对自己好，又不停地抱怨，也不信任别人，甚至对他人充满深深的敌意。简单来说，**区分健康自恋和不健康自恋的重要标准之一，就是看能否区分客观现实与主观想象的差别。**

健康自恋的人能够区分自己与他人的不同，能爱自己，也能爱别人，尊重自己，也尊重他人，能够平等友好地与他人相处，希望自己过得好，也希望对方过得幸福；而不健康的自恋者是很难区分自己和他人的境况的。表面上看自信心很强，实际上是因为无法相信自己，往往自我中心到了不为别人着想的地步，甚至为了抬高自己而贬低他人。可以说**健康的自恋与不健康的自恋是两个相反的极端，更多的人是处于中间的位置，这就是为什么说"每个人都有一点点的自恋"的原因。**

说了这么多，其实就想请你记住三句话：

（1）自恋与自爱是有区别的。
（2）健康的自爱有可能也会有点小自恋。
（3）过度的自恋就有可能是个完美而偏执的强迫症患者。

那么，怎么判断一个人是适度的自爱还是过度的自恋呢？很简单，听他/她说话，看他/她会怎么表达自己的需求。一般来说，自恋狂会这样表达：我要什么，我不要什么，我喜欢什么，我讨厌什么，总是很直接、很绝对；而**自爱的人总是向人们透露一种平等、友好的意愿。**比如说，我是一个什么样的人，我希望自己怎么样，我可能会怎么样等。看出区别了吗？喜欢绝对性表达主观意识状态的人是偏自恋的；而喜欢弹性地讲述具体事情的人是偏自爱的。因为自恋狂活在自己的意识世界里，自爱的人活在现实的世界里。

亲密关系的本质是自我关系

中国台湾著名的情感作家张德芬曾经说过这样一句话：亲密关系的本质是自我关系，因为每段亲密关系的背后其实都有自己过去的和现在的关系层面的问题，特别是跟父母之间的未完成的事项，或者是跟过去的经历类似的创伤和场景。建立一个亲密关系，实质上是创建一个最强烈的人际关系，亲密关系只是众多人际关系的一种，是那种距离最近、敞开最充分的人与人之间、心与心之间的关系。

可能有人会问：究竟什么叫亲密关系？要想弄清楚什么是亲密关系，首先要搞清楚什么是"关系"。心理学认为，关系是指两个人能互相影响对方，并且互相依赖的状态，也就是说，只有两个人互相影响对方并且相互依赖时，才能认定他们之间存在关系。那么，两个人相互影响和依赖到什么程度时才能说是亲密关系呢？当然是相互影响很大，依赖很深，而且频繁互动的时候，才可以叫作亲密关系。

亲密关系有三个特点：

（1）两个人有长时间的频繁互动。 就是两个人相互密切关注，你唱我和，你呼我应，即使不能每天见面，电话、微信也要互通有无，闲聊不停。

（2）两个人在关系中有不同种类的活动或事件，共同分享很多的事情和兴趣。 也就是没事也要找事在一起，你的事就是我的事，我的事也是你的事，两个人一起面对很多事，经历很多事。

（3）**两个人相互之间的影响力非常大。**也就是彼此之间都很在意对方的意见和想法，彼此都很容易影响到对方的选择和决定。

常见的亲密关系包括夫妻的亲密关系、恋人的亲密关系、伴侣的亲密关系、两性之间的亲密关系；另外，兄弟姐妹之间的关系、亲子的关系，以及特别要好的哥们儿、闺蜜之间的关系也可以看作广泛的亲密关系。

要注意的是，亲密关系的内涵和外延并没有限定年龄和性别，它只是指两个人之间相当和睦、融洽和具有依赖和影响的这种互动关系。不过一般来说，当谈到亲密关系时，更多的是指夫妻之间、情侣之间、亲子之间以及家庭之间这样的亲密关系。

每个人都生活在各种各样的人际关系中，亲密关系是其中最重要的关系，没有之一。因为亲密关系是一个人在这个世界上最明显的角色、位置和价值的体现，也是人们幸福、快乐的最主要的源泉，关乎着每个人存在于这个世界上的**"三感三观"：安全感、归属感和价值感，以及人生观、世界观、价值观**。人类特别在意亲密关系，因为亲密关系里不仅有交换和控制，依赖和影响，而且会有彼此的情感连接和心灵感应，有无条件的陪伴和爱，有深深的理解和无须言说的默契，甚至是灵魂伴侣的感觉。换一个鸡汤一点的说法，**亲密关系是一个最深幽的自我成长和修行的道场**。

既然亲密关系是一种近距离的人际关系，而只要是人际关系，就一定与双方的性格秉性、行为特征、思维模式等个体特质息息相关。假如一个人从小就有较好的人际关系，比如说跟父母亲的关系比较好，依恋的需求得到了满足，那么，在他长大成人后，人际关系就会相对轻松、融洽。从这个意义上来讲，所有的人际关系都具有相似性，当然亲密关系也不例外——这就是为什么说"亲密关系的本质是自我关系"的内涵所在。更宽泛一点来说，一个人的人际关系，无论是父子关系、母女关系、亲子关系、朋友关系、同事关系等等，本质上都是"自己跟自己的关系"。不是有这样一句流行的话吗："亲爱的，在你的外面没有别人，只有你自

110

己"。所有你眼中的世界，都是你内心世界的投射显现而已。处于亲密关系中的人，会更多地触及过往更深层面的内在，包括一些内心的行为模式，一些内心深层的感受（甚至一些貌似忘记的经历）。因为亲密关系里的两个人相互暴露得更多，距离更近，尤其是夫妻、恋人之间，可以说是零距离的暴露。在这种情形下，谁也没办法掩盖自己的真实面目，不管是自己与自己的关系，还是自我与外界的关系，都会像阳光下的一草一木，呈现出最真实的色彩和形态。

人有三件事：自己的事，别人的事，老天的事

自己的事当然要自己负责任；别人的事，你也要为你与他之间的关系负责（请注意是为你们之间的关系负责，不是为他负责）；老天的事，你需要为自己是否"顺应"和"臣服"负责（其实也是为你和老天的关系负责，而不是为老天的事情负责）。因此，几乎所有跟你有关系的人、事、物，你的责任都在于"关系"的层面，都是你自己与自己关系的扩展和延伸。当一个人的自我关系比较正常的时候，比如说适度自爱、健康自恋，清晰地了解自己的特点、优势和不足，就会给自己的人际关系、亲密关系带来正面的影响，反之，则会带来巨大的负面影响。

也可以说，各种的人际关系都会呈现相似的形态。一个人跟父母的关系，会严重地影响到其恋爱关系、婚姻关系和亲子关系。正如本书前文所述，这种影响从小时候三岁以前与母亲的依恋方式就已经开始了，一个人小时候的依恋模式在很大程度上决定着其长大成人后的恋爱、婚姻和亲子模式，由此可知，对于一个即将开始拥抱爱情的人来说，自我的探索和自我的成长有多么的重要！

亲密关系本质上就是自我关系，这是一门美好的功课。这门功课是一个人生大礼包，是让我们探索自己、成长自己的攀岩心路。因为当我们要和别人建立一种零距离的亲密关系时，必然面临着各种改变、适应、磨合、融合，如果能够清晰地认识到"亲密关系的内核就是自我关系"的话，也就可以找到那把打开亲密关系、改善亲密关系奥秘之门的金钥匙，那就是：**当一个人可以把跟自我的关系，跟他人的关系，跟自然和宇宙的关系都处理好的时候，亲密关系就一定会更加和谐和美好。**

爱情的九种形式与爱的疆域

爱情有各种各样的形态，呈现出万千变化的缤纷，最常见的有年轻伴侣的爱情，有中年夫妻的爱情，还有老年人的黄昏之恋。当然，随着时代的开放与发展，原来不太常见的姐弟恋、大叔恋，甚至是同性恋，也都越来越司空见惯了。

前不久的一个网络热点，是一位八十几岁的老婆婆嫁给了一个比她小五十岁的小丈夫，而且这个小丈夫爱她爱得一塌糊涂。世间眼花缭乱的爱情和婚姻，在向我们展示什么呢？这些异彩纷呈的爱情故事，究竟隐藏着什么样的奥秘呢？倘若站在更高的角度去看的话，你会发现，**爱情真的是没有疆域的！**当真爱到来的时候，没有任何事物可以阻挡爱情的发生。爱情这种最亲密的关系，恰恰是因为亲密得不能再亲密，才令人们打开心扉，突破心灵的疆域，打破原本固守的关系界限。想一想，是不是有点神奇呢？爱情居然能让两个完全没有血缘关系，甚至可能素不相识的路人融为一体。

那是不是说爱情是没有界限的呢？

当然不是，**爱情必须有界限，**否则就会出大问题。

中国式的爱情与婚姻，最容易出问题的地方恰恰就是"没有界限"，而"界限"这样的问题在西方的爱情与婚姻中是相对清晰的。因为没有给爱情和婚姻"立界限"，中国式的爱情与婚姻就很容易把两个人混淆成了一个人。中国的女性常常在爱情的开始，就把自己完全交付出去了。一旦两个人确定了恋爱关系，那么我就是你的，你就是我的，我的是你的，你的也是我的，我们是我们的了。现在你明白为什么著名的电影明星范冰冰和李晨公布恋情时，只是发了一张两个人的照片，写了两个字"我们"了吧？还有个流行的笑话，说的是结婚的当晚，新婚妻子说：我们现在是一家人了，以后不许再说你的、我的了，必须都说我们的！老公开玩笑说：那请你现在去洗我们的脸，刷我们的牙，穿我们的睡衣，准备睡我们的觉吧。你看，无论名人还是普通男女，只要是中国人，都很自然而然地认为谈恋爱和结婚是打破了两个人所有的界限的，这种理解真的是一个误区。

真正的爱一定是有界限的，因为很显然，两个独立的人，一定是有独立的思想、独立的人格和独立的行为的，两个人再相爱，再零距离，也会存在着隐性的界限和疆域。特别是在行为的层面，这种爱的界限和疆域一定是难以完全突破和逾越的。比如西方人不仅在谈恋爱的时候实行AA制，而且很多情侣在婚后依然实行AA制。为什么呢，因为他们都特别清楚和坚持，每一个人都是独立的人，都要为自己的过去、现在和未来负最大的责任。而绝大部分中国的女性是不能接受AA制的。因为中国式婚姻的传统就是男人必须承担更多的责任，即便时代的车轮已经滚到了男女几乎平等的21世纪，中国式婚姻依然会把更多的责任压在男人肩上，比如房子、车子、票子，比如要宠爱妻子、爱护孩子，在这个亚历山大的时代，男人真的是谈不起恋爱、结不起婚，只能眼睁睁地看着心仪的女神变成"圣女"。

有一位相当优秀的女白领，终于在美国找了一个很相爱的男人，发现这个男人什么都好，就是有一个习惯让人受不了。不管两个人在一起花什么钱，男人都赤裸裸地坚持AA制，女精英很快就崩溃了，分手了几次，又和好了。因为女精英的年龄也不小了，男人确实很优秀，两个人还是决定走进婚姻的殿堂。结婚前夕，两个人还在为婚后的AA制争吵。男人很奇怪，说这很正常啊，大家都是独立的个体，我为什么要把所有的财富都交给你支配呢？女的更奇怪，说我都要和你结婚了，要一起过一辈子了，还分你的我的，你是不是不爱我啊？男的说，如果我不爱你的话，怎么可能跟你结婚呢？女的就更不理解了，既然你爱我，为什么还不放心我呢？

看到里面的逻辑了吗？中国的女性把"你爱我"等同于"没有你我之分"，而西方的男人认为"即使相爱结婚"也不等同于"你就是我，我就是你"。毋庸置疑，不管是恋爱还是婚姻中的个体，其实都是独立的个体，在行为的层面，在物质的层面，还有在责任方面，都是有各自的责任和界限的，否则很容易让两个人都失去自我。试想一下，当两个人都失去了自我，哪里还会有真爱呢？因为真爱一定是两个真我在一起才会产生和持续的，失去自我的同时，也就失去了真爱。

真爱到底有没有疆域呢？

很多心灵的导师会谆谆教诲我们说，**真正的爱是没有疆域的**。是的，这也没有错！这是从我们的思想、灵魂，和信念价值观上来说的，也就是在精神的层面，两个相爱的人是可以完全敞开，坦诚相对的。这才是亲密关系里最深奥的功课，也是爱情必须经历的成长的阵痛。当两个人真的在精神和灵魂的层面合二为一的时候，往下看物质的层面，真的就没有那么重要了，到那个时候，不管是你的、我的，还是我们的，怎么都是OK的。所以我们会看到，一起经历过风风雨雨，相濡以沫的"老夫老妻"，慢慢地就把金钱和物质看淡了，两个人的默契也更深了，真的好像没有"你的、我的"区别了。

为什么在精神和灵魂的层面，爱情要消除爱的疆域呢？这是因为我们每个人都会把自我看得很重，在婚恋里呈现出来的多半都是"小我"的角色，容易把对外界物质的需求看成爱情的一个交换，其实这是对恋爱和婚姻的巨大的误解。真爱与灵魂伴侣的需求实际上更多的是在思想、精神、灵魂的层面融为一体，已经超越了身体、社会，甚至是现实的需求。人生成长的终极目标之一就在于能够超越自我，那当然先要了解自我、实现自我，然后才能超越自我。这个过程实质上就是突破自我的界限，把自己的能量发挥到超越自我的层面的自我实现的过程。当我们能够突破小我的疆域，也就能够发挥出更大的价值，也就能够跟亲密爱人在亲密关系上更上一个台阶，真正到达一种心灵的"你我不分"的境界——我不是我，你也不是你，我们是一体的，不仅我们两个人在一起，而且我们两个人是跟外界、跟宇宙、跟天地万物都是一起的。

所以想想看，当两个人的亲密关系到达身心合一的境界时，是否AA制还有那么重要吗？要知道，无论东方西方，无论男人女人，当下生存的压力、社会的压力都特别大。在中国，即便是基本的吃穿住行都压力山大。在这样的现实情境之下，不重视物质是不可能的，但即使物质层面满足了，也会遭遇其他的困扰，比如内心也许并不会因为身体的满足而满足，不会因为物质的满足而满足，因为这些"满足"只是满足了小我的满足，而一个真正有价值感的人，可能需要更多的满足，包括情感的满足，自我实现的满足，甚至超越自我实现的满足。人就是这样一个奇怪的动物，有各种各样的有形无形的需求。如果选择了满足外在的需求，也许就不得不放弃一些内在的需求。因此，搞清楚自己究竟想要什么样的爱情、什么样的婚姻、什么样的幸福和满足是非常重要的，需要仔仔细细地想清楚。

常见的九种爱情模式

爱情有各种各样的形式，远远不止以下常见的九种形式，之所以一一列出这九种爱情的形式，主要是让大家可以看到**"爱情"**这两个字具有多么神奇的魔力，直让人冲破一切樊篱，直叫人失去自我的边界，各种的形态、各种的连接都在告诉我们：爱情，是一种多么奇妙的存在！

1.青春恋

也就是年轻的男女在自然的交往之中产生了相互爱慕的情愫走到一起。充满活力的青年男女在一起相恋相爱，是一种最纯洁、最美好的爱情。比如说大学里的校园恋情，初入职场的年轻男女的办公室恋情，都是最美好的青春纪念品。如果能够发展下去走进婚姻，相爱相守一辈子，那真的就是上天给的最大的一个人生礼物。

2.闪电恋

闪电恋就是我们俗话说的一见钟情。"也许只是在人群中多看了你一眼，就再也没能忘掉你的容颜"。这是很有意思的恋情，本书在灵魂伴侣那一章也阐述过，那是一种似曾相识的相恋，也许是跟内在的阿尼玛、阿尼姆斯有某种契合的一种恋情，也许是跟梦中的情人或者内心的画像有某种连接的一种心动，**闪电恋其实是一种回家的熟悉的感觉**，虽然有默契、有心动，甚至有电流穿过身体的颤动，其实是开启了内在的按钮，允许早已贮存满满的爱的能量瞬间喷发，准备迎接一个有关一见钟情的挑战。如果你还没有走进围城，如果你还相信缘分，那么，当一个"闪电恋"的机会摆在你的面前时，你就"顺其自然"地接受这门上天早就安排好的"花明柳暗"的人生功课吧。

3.先婚后恋

有些夫妻是经过介绍认识的，起先只是觉得两个人外在的状态和外在的条件比较匹配，结婚以后才慢慢发现，真的是有灵魂伴侣的感觉，于是愈加相亲相爱了，这种情况就叫作先婚后恋。并不是所有的人都能够先结婚后恋爱的，只有那些真的抱着改变的心态，抱着好好经营幸福婚姻的夫妻才可能先婚后恋。**"愿意适应和改变"是先婚后恋的关键词**，虽然两个人之前并不是特别了解，但只要两个人都拥有"用心打造幸福婚姻"的信念作为共同的愿景，相爱就不再是难题。

4.姐弟恋

通常所说的姐弟恋是大三岁以上的，但有些会觉得大一岁也叫姐弟恋。因为年龄是没有办法改变的，大一天就是一辈子都会大一天，因此可以说姐弟恋是一个永远没有办法改变的一种形式，一旦开始，就永远都是姐弟恋。虽然没办法从年龄上改变姐弟恋的局限，但是可以从内在的方面，从其他的方面给姐弟恋加上不同的色彩。人的心理年龄和生理年龄并不是完全一致的，特别是懂爱的年龄，更是大大的不同。绝大部分的女人，不管有多高龄，即便是人到中年，甚至老年，内心里都是住着一个小女孩的。也就是说，恋爱中的女人都是想做小女人的，如果姐弟恋中的这个"弟"能够快速成长，能够尽快有一个成熟心智的话，也是可以在姐弟恋中成为那个大男人的。姐弟恋是否能幸福，一方面要看这个姐姐能不能把自己的位置摆好，年龄大不一定要做大女人，有的时候也要做柔情似水、撒娇发嗲的小女人；另一方面要看这个弟弟是不是愿意去充当这个大男人的角色，愿不愿意为两个人的恋情和未来负责。

5.忘年恋

一般来说是指两个人的年龄相差特别大，比如大叔恋和爷孙恋。一些年轻的女孩子可能更喜欢具有父性特质的男性，也就是年龄大自己许多的"大叔"，甚至是大几辈的"大爷"。当然也不排除有些年轻的男性"小鲜肉"，也会喜欢年纪比自己大不少的女性。

从电视里看到一个真实的故事，一位二十多岁的男员工喜欢上了五十多岁的女老板，在公司发生经营危机的时候他俩走到了一起，共同承担起振兴公司的挑战。两个人结婚以后，女人在五十岁的高龄生了一对双胞胎，一家四口其乐融融。在两个人相恋、相爱的过程中，有很多的纠结，很多的矛盾，也有许多舆论的压力，但两个人终究还是牵手走过来了。心理学认为忘年恋可能跟内心的需求、内心的渴望，尤其是儿时未满足的期待密切相关，比如父爱的缺失、母爱的缺失导致的恋父情结、恋母情结等。

6.同性恋

只要谈起爱情，同性恋就是避不开的敏感话题。前面已经说过，同性恋现在已经越来越普遍了，也越来越被公众所接受。因为当下的社会，男女的分工不再那么细腻，男人不再去追杀野兽，女人也不再耕种田园。现在的男性和女性大都在做同样的工作，同样在社会上打拼，也越来越拥有更多趋同的内外在特质。特别是女性进入职场以后，会变得越来越理性，越来越强势，不再温婉，也不再弱小。放眼望去，满世界都是女汉子，性别的差异似乎越来越不重要了。

心理学研究发现，同性恋之所以对自己的性别不认同，是与小时候经历的家庭教养方式息息相关的。如果家中母亲过于强势，父母亲角色错位的话，就很容易导致孩子性别的错位，以及性别的不认同。尤其是女孩子，更容易不认同自己的女孩儿身份，她会觉得妈妈那么强势，像男人一样，那我是不是也要像妈妈一样呢？而男孩子也不容易认同自己的性别角色，他会觉得，原来女人是可以这样强势的，我只能选择听话，像个胆小的女人一样，才能得到父母的夸奖和宠爱。在这样的趋势下，同性恋也正在变成一种司空见惯的现象。

需要强调的是，曾经的心理学把同性恋看作一种病态，一种性别的不认同；到后来慢慢地接受，认为也算是一种自然的现象，发现喜欢同性的人，也同样可以好好地工作和生活，算不上有多么不健康；到现在，学术界已经普遍接受同性恋的存在，基本上都持一个肯定的态度来对待同性恋者。可见，当下的社会也确实越来越包容各种各样的爱情形式了。

7.精神恋

即柏拉图式的恋爱。前面说过，柏拉图式恋爱是放弃了在肉体层面、物质层面的互相依赖和影响，更多的是在精神层面相互欣赏、相互依赖和影响。所谓精神层面，也就是信念、价值观、身份、灵性等形而上的层面，或许是默契的交流，或许是精神的支柱或者精神的安慰，又也许只是陪伴，只是心灵的感应。总之是放弃了肉体和物质方面的关联，享受精神之恋的轻松与束缚，因为有柏拉图之恋的存在，让世间可以有一种爱情，可以完全回避柴米油盐的人间烟火，这大概就是柏拉图之恋的意义所在吧。

8.多角恋

爱一个人不需要理由，不爱一个人却有许多理由。爱情真的是很难说得清楚！A爱B，B爱C，C爱D，这种多角的关系是无法用常理去解释的。恰恰因为无法解释，所以充满了悬念，充满了纠葛，也充满了诱惑。几乎所有的爱情影视剧、青春剧，都会有这样的爱情模式：一个女神在前面跑，两个男人在后面追，一个男人会追上女神，另一个男人肯定追不上，但在这个追不上女神的男人背后一定还有另一个女人喜欢他。

为什么电影电视喜欢用这种多角恋的爱情表达形式呢？这其实很好理解，多角恋就像一个生物链一样，它会让在其中生存的人去发现自己，也发现别人，跟自己建立关系，同时也跟别人建立关系，这不仅仅关乎爱情，也关乎作为一个"人"的价值考验。当然，多角恋在确定恋人关系之前，或者退一步讲，在结婚之前是可以去尝试的。不管是主动进入还是被迫卷入，都可以花时间去体验和处理。但结婚以后，每个人的角色就发生了质的变化，可以说对家庭、对配偶有了比天大、比山高的责任，这个时候就不能去沉迷于多角恋了，要回归本位。

9.灵性恋

也就是我们说的灵魂之恋。有人说，如果有缘遇见灵魂伴侣，就要且行且珍惜，因为灵魂伴侣可以和你进入生命的真相，痛惜你的独特、你的叛逆、你的反常、你的艰难，是可以和你一同进入欢喜、一同进入愉悦、一同品位苦涩和辛酸，彼此之间会特别坚定地相互维护的人。灵魂伴侣是两个生命、两个灵魂一同绽放的过程。如果你能够遇到自己的灵魂伴侣，真的是你此生最大的一个礼物，一定要好好珍惜。因为不知两个人经过了多少次的生命轮回，才等到与这个灵魂伴侣的美丽相遇。那种心有灵犀一点通的感觉，那种高山流水的相知相通，你怎么可能不珍惜，又怎么可能不感恩呢？

灵魂伴侣越完美越危险吗？

也有人说灵魂伴侣越完美越危险，因为亲密关系其实是一段非常艰难的修行，世界上其实是没有一个人专门为你存在的。这种观点认为，每个人要自己为自己负百分百的责任，哪怕在没有伴侣的情况下，也要自己去成长，也要自己去做功课。所谓的灵魂伴侣，只不过是两个人前世或者今生没有完成的业务，等待着在这一段姻缘继续修炼而已。即使如此，人们依然还是会相信，**最好的伴侣就是灵魂的相依，**因为人生的功课更多的是要求我们在精神的层面有更多的探索和成长，只有找到在灵性层面能互相认同、互相照见的人，才有可能真正体会到最愉悦、最和谐，同时也是最舒服、最亲密的爱的关系。

121

真爱发问神回复

◆**问：爱自拍是不是自恋狂？**

◆**答：**自从手机有了摄像头开始，自拍就开始泛滥了，某些人甚至已经到了不自拍都吃不了饭、做不了事的地步了。自拍的人有两大特点：一是**卖萌**，就是平时在现实生活中做不出来的各种撒娇、嘟嘴、犯二的表情和动作，都可以在镜头面前连拍出来。二是**美化**，就是P图，很多女性不P图绝对不会发送自己真实面目的照片。市面上出现了许多自拍神器，据说美图秀秀的总用户已经超过了5亿个。

这是一个什么概念呢？就是说自拍已经成了一种泛滥的流行，或者说是一种俗世的文化。就像自恋一样，在社会学家、心理学家看来，自恋主义也曾经是一种病态的文化，而如今不管是学术界还是人众社会，都已经不再像过去那样把自恋看成一种病态了，而是看到健康自恋的积极一面，肯定了适度的自恋反而有助于更好地工作和生活，更好地表现自己。当然过度自恋一定是有问题的。

爱自拍是不是自恋狂？要看你爱自拍到什么程度。如果是有节制的，有底线的，那么就像适度自恋一样，你的适度自拍也是一种适度的自恋，可以说是积极健康的正常自拍。但是，如果你爱自拍爱到极致，时时刻刻都要自拍，次数没有节制，表情没有底线，而且不P图就绝不让人看，P了图就开始刷屏，那么，真的可能有点自恋狂的嫌疑啦。记住：凡事过度就一定会有代价。因此，自拍到底是不是自恋狂，主要看是否过度自拍。

◆**问：男人和女人谁更自恋？**

◆**答：**人们通常认为，女人比男人更自恋。因为女性是情感动物，对自己更敏感，是感觉性的生物，所以应该是比感情粗线条的男人更自恋。可是，心理学的研究却颠覆了这种看法，越来越多的调查和研究发现，**男人其实比女人更自恋**！

美国纽约布法罗大学的研究人员通过对47万名参与者近30年的研究发现，男性比女性更加自恋。这个结果已经发表在2015年3月的《心理学公报》上了。研究发现，在各个阶段都是如此，**不管什么年龄段的男性，都比女性更自恋**。其实这也不难理解，毕竟男人对权利、荣誉、成就更加渴望，同时也更希望在社会关系上得到认可，包括在两性关系中得到肯定，希望自己更强大、更完美。因此，男人不得不变得更自恋，甚至比爱美的女性更自恋。女性不过是对自己的外貌、性情有所期待，往往在工作中都要听从上级的指使，而上级多是男性，因此女性在工作中往往是压抑的，不得不抑制自己自恋的表现和行为。

还有一个有关男女谁更自恋的调查研究，分析了355份期刊、文章、论文、手稿以及技术文档，对两性之间在自恋的三个方面，即领导、权威、欲望（表现欲望、权力欲望）进行了研究，发现两性之间差别最大的是**权力欲**。当然，男性非常需要自己有一定的权利和威望，这是导致男性自恋的一个很重要的根源。

科学家也做了一个很有趣的社会实验：在街头摆上一面大镜子，然后躲在一边，观察什么人会去照镜子。实验结果让科学家大吃一惊，来照镜子的男性几倍于女性，后来发现，原来男人比女人更喜欢照镜子，而照镜子是自恋的一个主要的表现形式。男人真是一种奇怪的动物，很喜欢走极端，比如做饭，大部分家庭都是女人做饭，但世界上最好的厨师却都是男性。自恋这回事也是如此，男人一旦照镜子，什么女人也不是对手。网上有一个最离谱的照镜子的热帖，说的是一位29岁的男性，他是一位健身教练，自从17岁参加模特大赛以来，就追求完美的身材与容貌。现在他每天上健身房三次，每周花六天来锻炼自己的肌肉和体格，每天至少要照七个小时的镜子！而且还会花很多钱来做皮肤美白、染睫毛等美容让自己容光焕发，走在街上的时候也会随时查看自己皮肤、体态、服饰来保持自己完美的形象。他认为自己的帅气程度不输好莱坞影星，是世界上最帅气的男人之一。有没有看出来？这位超级帅哥的自恋程度真的是不一般啦！绝对是有点过度了，有木有？不过呢，如果再看一看以下的这个调查结果，你也就不以为怪了。英国的一个著名时尚品牌对1000人的生活习惯进行了调查，再一次证明男人比女人更爱照镜子。请看数据：男性每天照镜子的次数是23次，11%的男性每天照镜子的次数甚至超过30次；而女性每天照镜子的次数是16次，可见，**男性确实比女性更在乎自己的形象**。

回到国内，中国的男人不是不自恋，不是不喜欢照镜子，也不是不想让自己变得更好看，而是不愿意把时间和心思花在外貌上（其实也是一种懒）。中国的传统观念是男人要在事业上出人头地、光耀门楣，因此，中国男人表现的自恋形式，也许不是照镜子，而是拼事业，拼成就，拼官职，拼地位。不管拼什么，**中国的男人也一定是比女人更自恋的**，信不信？可以在街头摆一面大镜子，仔细数数，到底是男人来照得多，还是女人照得多？

◆问：自恋的人怎么找到爱情？

◆答：首先要搞清楚是健康的自恋还是过度的自恋。也就是要看看自恋得严重不严重。如果是适度的自恋，找伴侣的过程就是一个正常的选择过程，不需要特别地提醒。而过度自恋的人，就要特别注意了，在找伴侣的过程中可能会受到严重打击。

过度自恋的人一般会选择跟自己类似的人做配偶，因为没办法接受别人跟自己的不同（自爱的人更容易找互补型的）。自恋狂实际上是不会谈恋爱的，无论跟什么样的人在一起，自恋狂爱的永远是他自己。如果他觉得自己的配偶很完美，那么只有一种情况，就是这个配偶和他各个方面都极其类似，但实际上很难有这样的可能性，即使真的碰上了，也不过是两个自恋狂的镜花水月，只是暂时的对月相望。等光晕褪去，还是两个赤裸裸的只爱自己的自恋狂。所以，过度自恋的人是很难找到真爱的。

假如你觉得自己是一个有点过度自恋的人，或者说你身边有比较自恋的朋友要找对象，那么，你可以先了解一下自恋者可能的几种恋爱形式。

第一，自恋的人当然也可以找到真爱，可以找一个和自己一样的人。既然上天造了一个这么独一无二的人，那么一定会造另一个人和他匹配，只不过自恋的人没办法去觉察别人，没办法去客观地了解别人的优点和缺点，所以很难在现实中发现上天为他准备好的另一半。但是，从理论上来讲，存在着这种可能性。

第二，一物降一物。自恋的人有可能会找到一个能制服他的人，遇到这个人，可能会让他有一些改变。如果一个自恋的人找到一个更加自恋的人，或者找到一个类似于造成他这么自恋的原因的人，比如说有恋父情结或恋母情结的人，遇到一个可以部分替代父爱或母爱的人，也有可能会发生不一样的改变。毕竟"爱情"这种神奇的力量，是没有什么做不到的。

第三，奇葩找奇葩。自恋狂找自恋狂，或许也是一种选择，两个人都自恋，但能过下去。或者，一个自恋狂找一个"过度利他的人"（就是只为别人活着，全心全意为别人服务，从来不会为自己着想的人，所做的一切只是为了让别人觉得自己是个好人，特别害怕别人说自己不好的人，也是一种有点变态的心理），没准儿也能各取所需。

第四，如果你打算跟一个自恋狂谈恋爱，那么，就要做好"多多奉献"的心理准备，奉献你的爱，奉献你的所有，即使可能得不到任何回报。如果你已经开始跟一个自恋者谈婚论嫁，那么你就要放下期待，降低标准，人家能够接受你已经很不容易啦！但是，你还是要做好"奉献一生"的心理准备，千万不要对对方期待过高。

第五，跟自恋的人对打，或死磕。如果有缘分的话，一个自恋的人找了一个不自恋的人，或者一个不健康自恋的人找到了一个健康自恋的人，那么这个健康自恋的人又喜欢这个不健康自恋的人（请好好理解这几句啰里啰唆的话），就像那么多女神喜欢那个自恋的水仙王子一样，实在舍不得放下，那你就跟他死磕呗，可以顺从他，夸奖他，也可以跟他吵架，在吵架中成长，在斗争中生活。

第六，改变。如果你自己或者是你的恋人是一位过度自恋的人，请你一定要给自己或你的恋人一个机会，能够做深度的自我探索和心理治疗。你要相信，只有一条路能够改善自恋狂的婚恋爱情观，那就是内在的改变和成长，让希望的曙光照进心灵的沙漠，让自恋的人真正有所觉醒。当然，这是最理想的情况，虽然这种可能性不大，因为自恋者是很难接受心理治疗和改变的，也许"爱情"是今生唯一的机会，抓不抓得住，就要看他自己的造化了。

◆问：网红都是自恋狂吗？

◆答：当然不是，并非所有的网红都一定是自恋狂，但有一点可以肯定：**自恋指数不高的人也难以成为网红**。一切的事物都有其两面性，自恋也不例外。在"互联网+"的时代，自恋指数高的人更容易"网红"，这是不争的事实。为什么？因为自恋指数越高的人对自己的外形和才华更自信（虽然内心的深处可能更自卑，但人家已经屏蔽掉了，感受不到），更愿意"抛头露面"赢得众人的关注和欣赏（你说人家这不好那不好，嘿嘿，那是你嫉妒人家）。自恋者的口号是：宁可千辛万苦，也不放过一个可以聚焦众人目光的机会。

所以，网红不一定是自恋狂，但多一点适度的自恋有助于成为网红。想知道你的自恋指数有多高吗？来做做下面的趣味心理测试吧。

趣味心理测试五：测测你的自恋指数

请按照你的直觉给以下的陈述打分（每题1~6分）：

1=非常不同意，2=很不同意，3=有点不同意

4=有点同意，5=很同意，6=非常同意

1.我天生就有一种影响人们的本事

2.我几乎敢挑战任何事情

3.我是一个非凡的人

4.我喜欢成为注意的中心

5.我将会是一个成功的人

6.我觉得我是个特别的人

7.我喜欢拥有支配他人的权利

8.我坚持获得我应得的尊重

9.我喜欢展示我的身体

10.我能看透别人的心思

11.我喜欢负责去做决定

12.我要成为世人眼里有成就的人

13.我喜欢看自己的身体

14.当我有机会时我就乐于表现自己

15.每个人都喜欢听我的故事或轶事

16.我喜欢照镜子

17.我能按照我喜欢的方式生活

18.我能让任何人相信我想让他们相信的事

19.我希望将来有一天有人给我写传记

20.我比其他人更能干

21.我知道自己很好，因为别人总是这样对我说

22.我通常依赖自己，而很少依赖他人

23.我的工作做得比别人好是重要的

24.当另一个人做得比我好，我会感到紧张和关注

25.对我来说，独立于他人的个人独特性是非常重要的

答案请见本书附录部分。

第六章
先同居还是先结婚

同居像互联网一样蔓延，成为像花开花落一样的自然现象；同居会给未来的婚姻带来什么影响，也许你做梦都想不到。同居需要设定时限，爱情需要仪式感。

同居还是结婚，这是什么问题

以前男女授受不亲，不要说婚前同居，结婚之前都是不能见面的。现在"85后""90后"开始谈婚论嫁，同居已然像互联网一样蔓延和普遍。调查发现，同居男女的年龄越来越年轻化，不少大学生都在校外租房同居，可以说，同居在中国的大中城市已经成了像花开花落一样的自然现象。

然而，还是会有为数不少的年轻男女不会选择同居，尤其是一些女性，态度很坚决，要么结婚，要么各住各的。

同居还是不同居？先同居还是先结婚？这是什么问题呢？会有什么不一样呢？

首先，申明一下，**先同居也好，先结婚也罢，没有对错，只有选择和因果**。在20世纪90年代之前的中国，未婚同居一定是会被戳穿脊梁骨的，那是一件极其不光彩的事情，同居的男女都是偷偷摸摸跟做贼似的，不敢成双成对地进进出出，而是趁着没人的时候一前一后进屋（就跟现在的影视明星谈恋爱怕闹出绯闻一样一样的）。不仅要时刻提防警察的破门而入，而且还要小心居委会大妈犀利的目光。那个时候同居的青年男女，绝对想不到21世纪的中国人，会对未婚同居如此宽容。从当下的社会现实来看，在城市里漂泊的年轻人生存压力前所未有的巨大，导致同居很快成了普遍现象。既然如此，**事实比天大**，所有的发生都一定有其存在的理由。**尊重已然发生的事实，面对已经发生的存在，学习正确的应对方法才是正道**。

同居的好处

从人的心理活动层面来说，同居还是结婚，这是一个有关**"选择"**的问题。既然是选择，就有选择的理由，也有选择将要导致的结果。想一想为什么会有那么多年轻人选择同居呢？先来看一下同居的好处。

1.降低生活成本

近20年来中国的房地产行业"蓬勃发展"，一线城市的房价疯狂暴涨。刚刚开始工作的年轻人根本无力购房，甚至无力承担哪怕是一个床位的房租，生活的压力巨大到了几乎无法承受的地步（如果不是年轻这个资本，恐怕很多人早就坚持不住了）。在恋爱中的男女首先考虑的就是要降低生活成本，包括房租、交通，还有时间成本和精力成本，因为工作都很忙，住在一起才可以相互照应，节省时间和精力。

2.彼此照顾，磨合感情

在一二线城市工作的青年男女，除了生活压力巨大之外，还存在着内心无比的孤独和情感的一些困扰。就像一首歌里唱到的，在偌大的城市里面，找不到自己的存在感。所以，如果能有一个亲密伴侣，跟自己一起在这个城市生活、打拼，彼此照顾，彼此关心，是非常难得的情感经历，也是一个几乎不可阻挡的诱惑。因此，同居确实能够让彼此得到一些感情的慰藉，可以在现实生活中磨合感情。

3.提前体验婚姻的生活

同居跟单纯谈恋爱是很不一样的状态，同居意味着双方已经开始零距离地接触，无论是身体上、生存空间上还是心理上，可以说双方相互暴露的程度高达90%以上。因此，这样的一段生活经历确实有助于相互了解对方是一个什么样的人，有什么样的生活方式、行为模式和思维模式，甚至发现对方的价值观、人生观和世界观是不是跟自己相似，以及两个人的性格特质是不是可以和平共处；特别是两个人对一些问题的看法，比如对金钱的看法、对双方父母的看法、对未来发展的看法等是否基本一致。

有一位年轻的女白领在网上发了一篇帖子，大意是她跟男朋友（也是精英级的高级白领）谈了一年的恋爱之后决定同居，租了一套房，开始添置一些物品。两个人一起去逛商场选购家居装饰，女白领发现，两个人花钱的理念太不一样了！她总是想买有品质、有品位的东西，而他一定会坚持买那个最便宜的打折货；休息的时候她想喝一杯鲜榨的果汁，他会说买一瓶矿泉水更解渴；逛了一天有点累，手里还大包小包地提着，她想打出租车回去，男朋友说太贵，还是坐地铁、公交车比较划算。谈恋爱的时候她没有发现两个人在金钱观上有如此大的差异，临近同居，她终于体验到了两个人价值观不同的点点滴滴。联想到租房子的时候，她希望离自己的单位近点，男方却坚持以房租便宜为准，结果自己现在上下班的时间要比之前多将近一个小时。她开始犹豫了，还要不要同居呢？还要不要朝着婚姻的方向努力呢？

同居前后，两个人在生活理念上的差异将会渐渐显现出来，确实有助于两个人都很接地气地了解对方的想法和处事模式。有可能同居以后反而觉得实在忍受不了对方，庆幸自己还没有跟这个人结婚。比如说有些男人要求在同居的时候实行AA制，而有些女生是绝对接受不了AA制的，那就早点一拍两散，免得伤感情。所以，同居确实具有可以"试婚"的功能，但代价也相当大。

4.解决性饥渴，便于滚床单

随着时代的发展，物价的高涨，结婚的成本也越来越大，迫于现实的压力，很多相爱的情侣没办法很快地走进婚姻的殿堂。然而，年轻人的荷尔蒙正处于迸发期，有强烈的性需求，而且爱爱确实能够促进双方情感的发展，这也是亲密关系到达"巅峰状态"的衡量标准之一。同居，也就成了一个两全的选择。

不管因为什么原因选择同居，在开始同居之前，两个人都有必要搞明白：不同关系状态的男女，滚床单的感受也是大不相同的。具体来说有三种状态，三种感受。

（1）同居之前
（2）同居之中，结婚之前
（3）结婚以后

先来看**第一种关系状态，同居之前**。在同居之前，两个人找机会在一起爱爱会有一种偷情的快感，有一种只有两个人才能互相分享的秘密感，就像两个过家家的孩子，开心、快乐、好玩儿。**第二种状态，同居之中，结婚之前**。两个人同居之后是可以敞开滚床单的，就像住在同一间宿舍里的大学生，关起门来就是两个人自己的世界，自由、随性、轻松。**第三种状态，结婚以后**，差别就更大了。两个人爱爱的感觉就会越来越像一种例行公事，不是为了生儿育女，就是为了满足生理，就像找了一份朝九晚五的全职工作，需要正常出勤。

如果能在同居之前搞清楚，不同的关系状态有不同的爱爱感受，就能更清晰地明白自己究竟想要什么样的爱情生活。从长远的影响来看，无数的经验教训都在告诉我们：性，是一件很平凡的事，也是一件很神圣的事，不仅是两个肉体的欢愉、结合，而且是两个人心灵深处的强力连接。如果能把外在的性跟内在的承诺联系在一起，会有更值得期待的美好前景。

5.稳定下来，先在城市立足

在城市里面"漂"着的感觉，真的很不是滋味。从大学出来，宿舍没有了，组织也没有了，存在感、归属感都空了，一下子就进入漂泊的状态，北漂、沪漂、深漂……"漂族"的感觉总是令人焦虑、令人迷茫的，工作和生活难以平衡，情感生活也无法安稳。从这个意义上来讲，同居有助于把两个人的生活、工作、心情、情绪等方方面面的事情都稳定下来，开始一段相对安稳的生活，自然也就有助于在事业或者工作上谋求更大的发展。

6.一起来规划未来

这一点是非常重要的。如果说同居之前，最重要的是两个人要搞清楚为什么同居，那么同居之后，就是要一起设定同居的目标和方向。也就是说，同居一定要有清晰的目标，是奔着结婚去的。虽然目前更多的是为了节省生活的成本，为了彼此照顾，但终归是为了以后有一个稳定、幸福的婚姻生活。因此，两个人要一起存钱买房子，要一起存钱买车，要计划大概什么时候结婚，结婚之后要生几个孩子……既然已经同居，就要开始描绘未来的"家庭蓝图"，这些未来的愿景是可以帮助双方更多地领悟到同居的意义，提升同居的价值感和幸福感的。当两个人开始规划未来，描绘蓝图的时候，就已经不只是为了同居而同居，而是为了未来的发展而同居，是为了结婚，为了天长地久，这才是最重要的意义。记住，凡是不抱着结婚的目的去同居的，都是要流氓，至少都是不负责任的。所以，可以同居，但必须赋予同居更多有关未来的意义。

同居的坏处

事物都是一分为二的，说了这么多同居的好处，**再来看一下同居的坏处。**

134

1.没有法律的保障，同居其实很容易分手

不要说同居容易分手，在离婚率越来越高的当下，离婚也似乎越来越简单了。有法律的约束尚且这么容易说分就分，没有法律约束的同居，就更容易一刀两断。当两个人开始同居时，也就意味着相互的零距离暴露，很多之前不了解的生活细节都会像地雷一样被踩爆。比如上面的例子中，女人想要有品质的生活，男人坚持要买便宜的东西；女人想租离单位近一点的房子，男人更想节省一些房租；女人觉得男人应该多承担一些同居的花销，男人觉得既然是两个人住，就应该基本AA制。双方的"花钱观"如此不同，还没有一起生活，就已经开始了各种碰撞，如果没有相互的理解、包容和成长，矛盾和分歧势必会越来越激烈。既然没有法律的保障，没有一个强有力的约束，没有一个保护的屏障，两个人就很容易一吵架，一冲动，就分道扬镳了。

2.关系发展过快，容易失去兴趣

一般男性主动提出同居的多，女性主动提出同居的比较少。这不仅仅是因为男性在年轻的时候荷尔蒙勃发，想找个女人稳定地释放生理欲望，也是因为男性在年轻的时候需要闯荡、打拼，更想先把"后院"稳定下来，以便把更多的时间和精力投入事业和工作中去。还有，这个阶段的男生经济基础和物质条件还不是太好，更希望通过同居这种朝夕相处的方式把女人拴住。然而，在日益变化的现实世界里，"同居"这个相对松散的"联盟"其实是很难拴得住对方的，反倒是关系发展过快，矛盾凸显激烈的话，神秘、美好的憧憬被撕碎，双方更容易对同居、对对方失去兴趣。

同居一般都是在热恋之下做出的决定，热恋的时候两个人觉得恨不得时时刻刻都黏在一起，那种相互的依赖感和影响力都超乎寻常，一刻也不想分离，感觉前面都是美好、甜蜜的爱情在等待着他们，很新鲜，很刺激。可是，当真的开始同居之后就会发现，天哪，同居跟谈恋爱真是太不

一样了！热恋时的光晕消失了，原来两个人都不过是毛病不少的凡夫俗子，根本不是想象中的"男神""女神"，心里难免诧异、失望。所以，同居并不一定有利于建立一个稳定长久的关系。研究也表明，**婚前同居的夫妻，将来即使结婚，离婚率也是远远高于没有同居过的夫妻。**

3.身体的伤害

年轻的男性在刚开始同居的时候，还没有太多的经验，可能会在这样的环境里肆意放纵自己的欲望，原来偷偷摸摸、见缝插针的爱爱变成了有规律的性生活，很容易导致女生意外怀孕。记住，男人永远没办法体会到女生意外怀孕之后需要遭受的种种心理和生理上的双重伤害和痛苦的。医院里面排队做人流的年轻女孩子无不是惴惴不安、担心、无助的。对于同居没有结婚的女孩子来说，怀孕后做流产似乎是唯一的选择，遗憾的是她们未必会意识到人流的危害，比如多次的人流可能导致终身不育的恶果。更可恨的是，有些男人甚至没有勇气陪伴女生来做人流，可能借口工作忙找女性好友代为陪伴，双方的家人一般也是不知情的，对于意外怀孕又要做人流的女孩子来说，在精神上和身体上所受到的伤害是双重的。可见，草率的同居、草率的怀孕、草率的人流，对女孩子以后的身心健康是有着极大的伤害的。

4.名誉受到伤害，爱情观被影响

尽管现在很多年轻的女孩子对婚前同居看得比较开，在选择同居的时候，你一定是奔着结婚去的，对吧？然而，世事难料，一旦同居且有了人流经历之后再分手或被抛弃，女孩子的名誉必然会受到影响。要知道有些男性是不大能够接受自己的女朋友曾经跟别的男人同居怀孕、做过流产这样的"爆炸性新闻"的。

同居绝不仅仅是两个人的事，只要两个人开始同居，就多多少少会有人知道你们同居了，对吧？朋友、同事、家人，总有人会知道的。可是，一旦同居无果，可以想象，当你转身再一次选择爱情的时候，之前的同居经历一定会对下一段的感情有影响的。同居的时候两个人觉得很浪漫，然而同居无果后你就会觉得，爱情的小船说翻就翻，真不靠谱，更不靠谱的是，你不知道过往的"旧情"会对未来的"新爱"产生多么严重的影响。生活就是这样，自己做过的事情都需要自己承担后果，同居还是不同居，没有对错，只有选择和因果。

同居、怀孕、人流、分手，这样的过程对女人其实是一个非常大的伤害，也许有些女人从此就不再相信爱情了，失去了对爱情的信心。一般情况下，女孩子答应同居，不是对这个男人有了依赖性，就是奔着结婚的目标而去的。如果同居最终没能换来一段婚姻的果实，女生就会对爱情产生恐惧和迷茫，留下心理阴影。一些二三十岁不结婚也不谈恋爱的剩男剩女大多有过感情的创伤，内心深处的爱情观、价值观受到冲击，人生观、世界观也会受到影响，精神上萎靡不振，工作上敷衍了事，感叹这个世界真是不公平，人人都亏欠了自己；同时也容易产生悲观情绪，觉得自己没有什么价值，人生也没有什么意义，对自己未来的工作和生活都造成了负面的影响。

5.结婚概率降低，离婚比例增加

同居并不能增加结婚的可能性，反而会降低结婚的概率，这可能是令同居男女有点意外，也有点不舒服的讯息。调查发现，婚前同居的男性，忠诚度平均比婚前不同居的男性低，女性也是如此。也就是说，**同居后结婚的夫妻，双方的忠诚度反而更低**。数据显示，同居后结婚的夫妻，比没有同居结婚的夫妻离婚率高46%；而且，同居时间越长，越不容易接受婚姻的约束，不结婚的可能性更大，关系的破裂也更容易发生。因此，同居未必可以保障婚姻的稳定关系。

心理学家罗曼奈特认为，婚前同居是不大可能白头到老的。他认为婚前同居的情侣绝大部分最终都会离婚。他甚至认为现在为什么离婚率那么高，就是因为婚前同居的情侣越来越多了，婚前同居的概率越来越高了。据说有一个统计数据是这样的：100对婚前同居的情侣，40对在结婚前就分手了，另外顺利结婚的60对，有35对也将以离婚收场，只剩下25对能够熬过来。简单地说，就是**婚前同居的情侣只有25%的人可能会结婚，然后白头到老。**

如此清晰而残酷的数据摆在面前，你还要选择同居吗？

有人会说，我才不相信这些所谓"砖家"的数据呢，我相信我们之间的爱情一定可以天长地久。好的，没问题，只是你需要想清楚，**同居，是一个有关人生的选择题，**哪怕是一段短短的同居，也会对未来的人生产生巨大的影响。人生本来就是各种选择的结果，你要知道，你既然选择了同居，也就同时选择了同居的各种结果。

还有些人会说，无所谓啊，同居试一下吧，合适就考虑结婚，不合适就分手好了。你看，心态如此轻松，根本没把同居当回事嘛。所以，同居跟结婚的心理状态是有天壤之别的。如果两个人结婚之后遇到问题，肯定是先要尝试一起解决的，对吧？

也有些同居的人是想要"鱼和熊掌兼得"，既不想一个人过，又不想结婚，想找一个"平衡"的状态，既不必忍受一个人的孤单寂寞，也不要承担一个家庭的责任重负。其实这本身就是个纠结的状态，天底下哪有那么容易"平衡"的情感关系？换个角度想想看，负面的影响倒是双重的：一方面还是单身，但没有机会再建立其他的关系，因为你已经身不由己了；另一方面，你既不是单身，也没有结婚，没有法律的保障，也没办法在同居中真正建立完善的亲密关系。真正的情侣关系一定是得到双方家人的祝福的，同居只是一个不确定的准亲密关系，不太可能深入双方的家庭关系中，时间长了，反倒是一个令各方感到尴尬的关系。

同居之前请做好心理准备

到底该怎么看待同居这个风靡一时的新生代事物呢？特别是对一个女人而言，如果要开启一段同居生活的话，该提前做好哪些心理准备呢？

首先，要了解同居本身并不可怕，可怕的是同居没有目标，没有计划。两个人只是为了同居而同居，过一天算一天，这才是一件可怕的事情。因此，同居一定只是人生计划的一小步，是从现在到未来的一种过渡的阶段模式。即使在这样的前提下，女人也要做好充分的心理准备，特别是要问清楚自己以下几个问题。最好是找一个安静的时间，在一张纸上把问题写下来，把答案写下来。究竟要不要选择同居？请注意聆听自己内在声音的发问，而不是随波逐流，人云亦云。

第一个问自己的问题：自己为什么同意同居？

是为了降低外在的生活成本，还是真的爱这个人，为了加深彼此的感情？还有，你是为了试婚同居呢，还是因为不好意思驳男友的面子？记住，没有对错，只有思索，当你这样开始问自己的时候，你也就慢慢清晰了同居对你的意义究竟是什么，这是一个探索自我的心路历程。

第二个问自己的问题：男友为什么要求同居？

他是为了爱，还是为了做爱呢？这是完全不一样的初衷，要好好想想男朋友为什么要求同居，他有没有跟你一起探讨过同居对你们的意义？还有，他对同居有哪些要求和期待？当然，大部分的男生都会说是为了爱，是为了以后结婚，真的是这样吗？当你一条一条写下来的时候，你就会逐渐明白，对方到底是为了什么要求同居。你可能要客观一点，尽可能把对方的优缺点都写下了，把他对一些事情的看法写下来，把他对未来的看法写下来，这样才有助于你慢慢地看清这个将要和你零距离朝夕相处的男人。

第三个问题：你自己真的做好充分的心理准备了吗？

在充分了解了同居的利弊和可能出现的问题之后，你还愿意登上同居的小船吗？做好充分的心理准备是非常有必要的。如果两个人都提前了解了同居的利弊，以及可能出现的问题，那么，在同居的过程中，当这些问题真的出现的时候，其实就不是什么大不了的问题了。因为问题本来就不是问题，怎么看问题才是问题。当你知道一条路上有山丘、有河流，做好旅行攻略之后，真到了山丘、河流的地带，就按照之前的计划去做就是了，就不会被山丘、河流挡住前行的步伐。

第四个问题：同居之前可不可以先订婚？

也就是说，同居之前就征得父母的同意，举行一个简单的订婚仪式，起码让双方的父母见个面，得到双方父母的认同和支持。如果双方父母不在一座城市的话，分别去拜访一下，郑重地跟父母说清楚，两个人准备同居，打算同居多长时间就结婚。实在不想让父母知晓，那就请双方要好的朋友一起吃个饭，宣布一下我们订婚了，我们准备同居了——这是非常非常重要的！调研表明：**先订婚，再同居，这样的情侣走进婚姻殿堂的概率非常大，而且结婚之后稳定的概率也更大。**正如本章第三节所说的那样，爱情需要仪式感，需要一些坚定的信念来维系。

第五个问题：你们订好同居以后的目标和计划了吗？

我们再三强调，同居不可怕，可怕的是没有目标和计划，没有搞清楚到底为什么要同居。因此，设立一个目标，做好一个计划，是非常重要的情感保障。比如，你们可以一起回答一下下面的几个问题：

同居多长时间就准备结婚呢？半年？一年？两年？

怎么结婚？婚礼大概在什么时间、什么地址举行？

结婚需要哪些条件？你们做了存钱的计划，买房的计划，或者结婚旅行的计划了吗？

什么时候跟双方的父母提结婚的事情？如何赢取双方父母的认同和支持？

结婚以后什么时候准备要孩子呢？谁带孩子呢？对孩子有什么样的期待呢？

第六个问题：两个人有没有做好改变的准备？

同居会彻底改变两个人的相处模式，当热恋的光环褪去，剩下的就是赤裸裸的凡夫俗子的毛病。你们会发现，对方跟你原来想象的是那样的不同和迥异，觉得两个人其实并不适合生活在一起。此时你可以有三个选择：一是凑合将就下去，痛并郁闷着；二是放弃、逃跑，再去寻觅下一段关系（然后你就发现每一段关系都有不合适的地方）；三是清醒地认识到，所谓"真爱"，就是两个人一起改变和成长。

当两个人都做好了适应对方、改变自我的心理准备时，也就为彼此之间的磨合、改变和成长奠定了一个坚实的基础，就像两棵一起生长的树木，只要在地里长出了坚实的树根，就可以向上蓬勃地生长。

还有一种情况，两个人决定要一起改变和成长，但是年轻气盛，互不相让，难免发生一些"烽火战乱"。当双方都有些受伤无法相互疗愈时，建议向外界寻求专业的婚恋辅导。在同居之前，你们可以先设定好，假如同居中遇到了一些两个人跨越不过去的问题，或者两个人不能够解决的冲突，那就寻求专业人士的帮助，包括婚恋辅导、心理辅导和亲子辅导等，这将大大地有助于你们同居的稳定和情感的发展。

男女同居，心态大不同

当今社会，对于同居已经普遍持宽容的态度，但宽容并不等于肯定，不等于认可。特别是女方的父母及朋友，对于同居更是喜忧参半。喜的是，女儿或女友终于有稳定的对象了，暂时摘掉了"剩女"帽子；忧的是，同居其实是没有法律保障的，一旦同居无果，吃亏更多的一定是女方。

在男人的眼里，同居真的没有那么浪漫，男人之所以选择同居，一般都是因为如下的现实问题。

（1）降低生活成本，希望两个人一起来承担日常生活的成本。前面提到过，在中国的大中城市里求生存，压力确实山大，无论是租房、交通，还是吃喝玩乐，都是很难一个人应对的，选择同居就可以两个人共同承担一些生活成本。

（2）解决性饥渴，满足生理需求。男人在年轻的时候通常荷尔蒙分泌旺盛，通过同居可以稳定地满足自己的生理欲望，这往往是男性要求同居的一个重要原因，可惜很多女生还认识不到这一点。

（3）试婚心态。多数男生都很在意父母对于自己婚姻大事的意见，想要尽量避免不合适的婚姻对象，自然也就希望能够早点发现双方的差异，看看是否可以长久地生活在一起。然而，一个令人哭笑不得的统计结果表明：越是抱着试婚心态的男人，越容易同居之后即分手，越不容易走进婚姻的殿堂。其实用脚趾头想想就明白了，如果一个人抱着试婚的心态同居，自然就会带着挑剔的眼光来看待对方的一举一动，一言一行，放大对方的缺点和不足，觉得以后跟有这些缺点的人生活一辈子太可怕了，纯属自己吓唬自己。人无完人，谁也经不住挑剔，抱着试婚的心态同居，反而更容易眼里容不得沙子，分手也就不足为奇了。

（4）检验对方是不是真的很爱自己。男人有一句堪称杀手锏的狠话"你如果爱我，就给我吧"；"你如果爱我，就跟我同居吧"。从女方的角度来看，简直是一个"流氓"逻辑！难道爱情只能用"性"来证明吗？怪不得在爱情的传说中，男人都是用下半身来思考的。其实这个言论完全经不住推敲，女人也可以理直气壮地说：你如果真的爱我，就等我到洞房花烛夜，可以吗？到底是满足了男人下半身的欲望是真爱，还是保住了女人下半身的尊严是真爱呢？不是不可以给，是女人可以自由地选择什么时候给。

（5）玩弄女性不想负责任。这也是一小部分男人的想法。有些男人被女人宠坏了，随随便便就可以找到女人同居，时间长了，男人也就倦怠了，不仅对女人失去了兴趣，也对承担婚姻的责任失去了兴趣。

有一位男子，刚开始跟女朋友同居的时候，觉得是为了爱情。跟第一个同居的女朋友分手之后，又经历了N个同居的女友，他渐渐就发现，现在的女生给得太容易了。某一天，他觉得自己突然明白了一个道理：原来同居对男人来说是一个超级福利啊！既可以不付婚姻责任，又可以享受婚姻的权利，还可以随时分手，另择新欢。就这样因为同居，他把自己的三观都毁掉了。可想而知，这样的男人即便以后结婚了，也难以在婚姻里面踏踏实实地过日子、负责任。

如果说同居是男人的超级福利，那么，对于女人而言，同居就是一个定时炸弹。如果同居之后女人被抛弃，必定会在心理上造成很大的伤害。试想一下，如果一个女人同居了N个男友的话，相信她绝对不会觉得这是一个超级福利（心理不正常的不在本书探讨之列），只会觉得原来男人是如此对男女关系不负责任、男人这么不可靠，她甚至对未来的婚姻失去了信心。

女人选择同居的心理

再来看一下女人选择同居的心理，当然跟男人有很大的不同。女人选择同居，更多的是为了爱和托付，因为爱而献身，或者因为男友的苦苦相求而委曲求全的同情，总而言之是为了感情，为了双方的爱情答应同居。也就是说，女人不会轻易地为了一些物质方面的东西而同居，她**首先一定要爱这个男人**，所谓先爱而性。

其次，是为了**套牢男人，提高结婚的概率**（真是用心良苦）。有些女性一旦找到了心仪的男人，只要男人提出同居，她马上就会答应。因为她认为，同居就等于套牢男人了，就可以一起走向结婚的礼堂。遗憾的是，事实并非如此，随随便便提出同居的男人还真不那么看重婚姻的形式，你如果随随便便答应跟他同居，反而可能被他在心里瞧不起（潜意识）。想要通过同居来套牢男人，基本上等于做白日梦。如果女人没能看清这一点，就难免会吃亏。

第三，降低生活成本，期待两个人一起承担。当女人这么想的时候，多多少少都会有一些托付的心态，觉得自己是个女人，既然我答应跟你同居了，你就应该为我付出更多的责任。殊不知这种可怕的托付心态，不仅会毁掉女人的自尊自爱，也会毁掉两个人的未来。因为在爱情中，一旦有一个人想要把自己托付给对方，就会开始扭曲彼此的关系，只有期待，没有改变，也不会成长。

第四，试婚。也是为了尝试对方是不是合适的结婚对象，害怕结婚以后后悔。前面已经说过，同居试婚并不能提升婚姻的可能性，而且结婚以后反而更容易离婚。因此，如果想通过同居试婚的话，最好是先订婚，再同居。因为一旦同居未果，女方一定是那个受伤更多的人。在同居前后，女性都应该学会更好地保护自己。

第五，从众心理。正是因为如今同居已经成了一个普遍现象，好像不同居反而不正常，这样的一种从众心理，导致众多女生随大流地为了同居而去同居。在这样的世风之下，男生可以堂而皇之地提出同居，女生也没办法拒绝，大家都这样，你为什么不肯？于是很容易随波逐流地开启同居的生活。只是她没有想到，同居的结果未必是自己可以接受的。中国人民大学潘绥铭教授的一项关于大学生同居的调查结果显示：76.6%的未婚同居女性，认为同居对自己的身体造成了严重的影响；62.4%的女性，对自己的同居行为感到后悔，觉得在同居之中多多少少受到了一些伤害，对未来的生活也会产生负面的影响。男生的调研结果就截然不同：男生会更多地认为未婚同居是很自然的现象，没有多少男性对自己的同居行为感到后悔。这就是男女同居会受到不同影响的真相，无论是从同居的原因，还是同居的过程，再到同居的结果，对于男生、女生的影响都是不同的。

简单来说，男人同居更多的是从现实的层面、生活的层面、性饥渴的层面、放弃责任的层面考虑得更多一些；而女生可能更多的是从爱的层面、从套牢男人的层面，还有从众心理层面考虑得多一些。差异是很明显的，**男人多半是因性而爱**，你给我才能证明你爱我，你跟我同居才表明你想跟我过一辈子；而**女人多半是因爱而性**，因为爱你才跟你同居，因为爱你才愿意跟你一起生活。两种人类两种思维，完全是不一样的方向。如果你现在正站在同居的十字路口，考虑走向同居还是不同居，你就需要先把同居的方方面面的问题都搞清楚，才可以做出最适合你自己的选择。

爱情为什么需要仪式感

前一段时间，微信和网络流传着这样一篇文章——《你觉得生活无趣，是因为少了些仪式感》（作者闻人很二）。这篇文章把日常生活中的点点滴滴提高到了一个仪式感的层面。它用一些例子告诉我们，**仪式感对于生活的意义，就在于用庄重认真的态度，去对待生活里看似无趣的事情**。不管别人如何，自己要认认真真地把事情做好，才能发现生活中的乐趣。是啊，一个敷衍了事、平淡无趣的态度怎么能期待拥有一个趣意盎然的生活呢？作者举了一个例子，说有一次要跟着小姨和小侄女去听一场小型音乐会。出发前小姨硬是要求她换上正式的小礼服，她觉得有点小题大做，但是小姨有点生气地说："你能不能给我认真点儿，有点仪式感？就你这样穿着破牛仔裤的态度能好好听一场音乐会吗？"等到音乐会的中途作者才发现，小姨的话真是没错。附近好几个着装随意的孩子已经开始东倒西歪窃窃私语，甚至小打小闹了，而那些跟她和小姨小侄女一样穿着礼服的孩子却正襟危坐，很投入、很认真地欣赏着，和身边同样盛装出席的父母一样神采奕奕。

这个例子让我们想起，旧时在西方的所谓贵族的上流社会里是很讲究一些仪式感的。不管是自个家里吃饭，还是朋友之间来往，或者是开一个Party，都是非常讲究礼仪的，都要盛装出席。从开始接到邀请，拿到请柬开始，就已经开始重视这个事情了。在一些西方的影视剧里，哪怕是一个小小的聚会也会有请柬，也会有确认，也会有大家拿着一个小小的礼物这样的细节展示。为什么仪式感这么重要？是因为**仪式感可以让生活成为真正的生活，而不是简单的生存**。生活本身是单调、琐碎的，生活到底有没有意义，有多大的意义，谁也说不清。但可以肯定的是，每个人都可以给自己的生活赋予不同的意义，就像一首歌里唱到的：**生活不只有眼前的苟且，还有诗和远方的田野**。当你可以在每天的清晨，为自己的办公桌换上一束鲜花；在每个周末为爱人做一顿饭；清理一下房间，点上一支香薰，你会觉得，生活就多了一些诗意和美好。

回到爱情，仪式感就更重要了。**爱情的旅程，活脱脱就是一部仪式的教程**。从两个人的相识，到确定男女朋友的身份，确定情侣的关系，到求婚、订婚，到结婚典礼，到生孩子，到结婚纪念日，就是一个仪式接着一个仪式的过程。有一篇网文《没有仪式感的爱情不长久》（作者小怪兽）说得也非常好。它说爱情处处都需要仪式感。比如你喜欢一个姑娘，就不要光嘴上说说，什么多喝水呀，多穿衣呀，下雨天带伞呀……那都是屁话。要赶紧行动起来，该接送的接送，该买礼物的买礼物，该陪看病的陪看病，该表白的表白。最好通过设计一个表白的仪式，让姑娘清楚地知道你真的喜欢她。过节的时候，是双方表达情感的最佳时机。其实女孩子并不需要一份让你花掉很多钱，甚至一个月的工资才买得起的礼物，只需要你花费一些小心思，细心挑选出来一份小小的礼物，关键是送礼物的这个小小的仪式，能让她真切地感受到你的用心。因此，爱情的过程本来就是充满了仪式感的历程，因为爱你，才有仪式；因为仪式，更能表达出内心的爱意。

爱有五种国际语言（详见第七章），在这五种语言中，不论是馈赠的礼物，还是精心的时刻，其实都是跟仪式感密切相关的，都是一个仪式感的体现。爱，本身就是行动，就是付出。当你行动和付出的时候，如果能够用一些恰当的仪式，就更能呈现你对一个人的爱。从爱情到婚姻，仪式如影随形，单膝下跪的求婚就是一个最令人心动的爱的仪式。当一个男人用这样的一个标准姿势，再加上一句发自肺腑的话，深情地对你说："亲爱的，你愿意嫁给我吗？"没有几个女人可以抵挡得住这样的"必杀技"（除非压根儿就不爱他）。因为女人会很感动地想，他真的是非常看重我，我是他值得下跪求娶的女人，以后一定会对我好的。然后女人就羞涩地答应了，两个人都非常的激动+感动，深情相拥，喜极而泣——这一刻就成了值得一辈子去回味的幸福时刻。仪式感往往不仅让人体会到当下不同的感受，而且还会在记忆的长河中占有一席之地，就像一幕一幕的电影，也像一张一张的老相片，都可以成为以后平淡生活、平淡婚姻中积极的资源。当你在婚姻生活中感觉没有什么意思的时候，也许你可以回忆过去的一些经历，你能够想到的很可能就是一些具有仪式感的时刻，你就会安慰自己，你值得为这个婚姻而活，因为在这个婚姻里，曾经有那么多点点滴滴的美好片刻，让你不枉此生，应该好好珍惜。

求婚的仪式感对婚姻是很有意义的，不仅女人在意求婚的仪式，男人也挺在意的。男人只有对自己花了很多工夫、花费了很多气力追到的女性才会珍惜。来看一个真实的故事：

有一位年轻有为的男士，30岁出头就做到了上市公司的高管。虽然他外在条件一般，又矮、又黑、又胖，但是，他发誓要追求一位心仪的女神。为了追到这个女神，他设计了一场浪漫的求婚仪式。那是在一个傍晚，这位先生给他的女朋友打电话，约她晚上一起吃个饭。女朋友如约而至，没想到竟是一个包场的烛光晚宴！九百九十九朵玫瑰花，是由一位可爱的花童送上去的，旁边有专业的提琴手演奏着委婉动听的音乐。在荧荧的烛光中，这位先生掏出了一枚亮晶晶的钻戒。此时，一些朋友和服务生出来亮相，打出一副感人的横幅，上面写着：亲爱的某某某，请你嫁给我吧，我会爱你一辈子！

其实这个女朋友当时真的还没有考虑好要不要嫁给这个男人，因为自己的条件相当优秀。但是，在这样一个场景之下，她的大脑完全懵了，感动得稀里哗啦，一激动就答应了这位先生，然后两个人很快就办理了结婚手续。结婚以后，这个男的对老婆好的简直没话说。他曾经跟他的朋友开玩笑说：费了这么大劲才娶到手，能不精心供着吗！

爱情为什么需要仪式感呢？生活为什么需要仪式感呢？

这就要从"礼仪"这个词语的源头说起。先说什么叫"礼仪"，什么时候需要礼仪。

中国号称礼仪之邦，自古至今，"礼"都是一个很大很大的、被中国传统文化所在意的事情。孔子在《论语》中曾经说过，"人无礼则不生，事无礼则不成，国家无礼则不宁"。礼，可以说是中国文化的核心。简单狭义的礼，就是一些合乎道德要求的行为规范；广义的礼，就是符合道德要求的治国理念和典章制度。所谓**"礼仪"**，就是人们在社会交往的过程中逐渐形成的、大家共同遵守的一些行为规范和准则。**礼仪是一种交往的艺术，也是一种修养的体现。**上至国家、民族，下至黎民百姓，礼仪都是非常重要的。重要到什么程度呢？礼仪可以兴邦，也可以亡国。**礼仪可以成就爱情，也可以毁灭爱情。**设想一下，假如结婚典礼出了大娄子，很可能就给婚姻埋下了隐患。

在我们的身边，处处有礼仪。大到国家的礼仪和仪式，比如国庆大阅兵、第二次世界大战胜利70周年大阅兵等，都是国家级的仪式。小至开学典礼，或者一个课程的结业。你有没有想过，为什么国家要做大阅兵？为什么开学要有开学的典礼，毕业有毕业的典礼呢？为什么节日要有庆祝节日的礼仪呢？为什么有那么多不同的传统节日呢？端午节、元旦、春节、中秋节、清明节，为什么韩国要抢先申请端午节为世遗呢？还有，你有没有回忆过曾经有哪些仪式让你刻骨铭心，终生难忘呢？如果你已经结婚了，你可不可以回忆一下，你的婚礼庄重吗？有程序化的仪式吗？

从心理学的层面来看，礼仪、仪式，实际上是在强化某些信念、某些规则，是关乎我们"三观"的社会呈现。仪式会简明扼要地告诉你，这个规则很重要，那个规范要遵守。比如说结婚，就是一个缔造新的亲密关系的仪式过程。西方的结婚仪式会有一个环节，就是由父亲把女儿交到女婿的手中，这个仪式是非常非常重要的。在这个神圣的"交接"过程中，新郎从岳父的手中接过这个新娘的娇手，心里一定是有很大的震撼的，他知道接过来的绝不仅仅是新娘的手，而是一份重大的责任，这是一个责任的传递和转移，具有深刻的寓意。

一位结婚数年的妻子，发现丈夫一直就没有承担起做丈夫的责任，即便是在自己生了孩子之后，也完全不知道多关心一点自己和孩子，下班之后就跟一帮哥们儿朋友喝酒打牌。妻子经过婚姻的辅导之后，了解到婚礼的仪式是非常重要的，联想起他们结婚时没有举办任何的婚礼，她决定补办一场西式的教堂婚礼。婚礼之后，奇迹发生了！老公像变了一个人似的，突然觉得这个家庭对他来说太重要了，他对家庭是有很大的责任的。他一改往日的懒散生活，开始真正地进入这个家庭，成为这个家庭的男主人。

在爱情和婚姻的旅程中，仪式感真的是如影随形，一直伴随着整个过程。一位著名的婚礼主持人曾经这样说过：我一直主张婚礼要有仪式感，才能展现出我们对于内心情感的尊重。那么，爱情的仪式感到底是什么呢？从外在看上去，好像是两个人关系的变化过程，从内心而言，却是一个人对爱情到婚姻的接受、接纳和角色转换的过程。当求婚成功，男人和女人都知道已经跟对方有了一个确定的关系，你已经不能再脚踏两只船，不能再跟其他的异性玩暧昧，你们两个人已经开始走向婚姻。当你们举行了一个庄重的婚礼仪式之后，从单身到已婚者的角色转变就更容易完成，彼此都更容易认同需要承担的家庭责任。婚礼上的誓言会加深两个人之间

的情感联结，成为在之后的日常生活中抵御冲突、抵御困境的一个重要的正向资源。

结婚纪念日在纪念什么？

有些夫妻很在意结婚的纪念日，其实就是珍惜两个人之间在一起的一年又一年。在结婚纪念日里给对方送一个小小的礼物，不是说要值多少钱，而是一个小小的见证，见证两个人在一起的岁月是值得相互庆祝的。但凡想着一起庆祝结婚纪念日的夫妻，想必都还有爱情，都还想在一起继续过日子。当然，结婚之前和结婚之后的"仪式"负责人可能会有所不同，有趣的是，在结婚之前，从男生追女生到求婚到结婚，整个过程的仪式大都是由男人来负责完成的，女人主要是被动地接受或者享受这些仪式感。可是，在结婚之后，女人就开始接手负责家里的仪式了。不管是生日、定情日，还是结婚纪念日，可能女人比男人记得牢。

常听见女人抱怨，丈夫连结婚纪念日都忘了，肯定是不爱自己了。还真需要在这里给男人平个反，这绝对是一种误解。大部分的男人觉得结婚以后，仪式感反而没有那么重要了，他考虑更多的是怎么为家庭打拼财富、地位。不记得并不是他不爱你了，只是他可能真的没有把这件事看得有那么重要了。在一些重大的日子里，女方可以适当地做一些提醒。比如可以在结婚纪念日的前一天跟丈夫说："亲爱的，谢谢你又陪伴了我一年，明天要一起吃晚饭庆贺哦。"既然婚前男人这么付出，婚后女人也可以多付出一些。

结婚以后，通常家庭礼仪的负责人，就会落在女性的身上。所谓的"男主外，女主内"也包含了这个意思。比如各种节日的家庭庆祝，平时跟其他家庭之间的互动、联谊等，女人都需要更操心。所以，在结婚之后，女人需要对礼仪有更深层的理解，让平凡的生活多一点仪式感，这也是给我们的爱情和婚姻保鲜的一个秘籍呢！

如果同居，请设定时限

既然同居的潮流不可阻挡，那就顺势而为吧，只不过即便是选择同居，也请尽量给同居约定一个时限。同居不是目的，而是一个开始；同居不应该只是当下的权宜之计，而应该是奏响婚姻交响曲的序曲；序曲都是短暂的、轻缓的，不能抢了主旋律的风采和韵味，否则一定会是一首不协调的乐曲。

曾经的"70后"结婚，一般是先登记后举行婚礼；现在的"80后"新人却有可能只摆酒不登记；最厉害的是"90后"，近期流行订完婚期就计划要小孩，结婚时孩子也可以被抱着参加婚礼了。对于越来越多的"90后"而言， 纸婚书对他们来说，更像是一张宝宝的准生证。

遗憾的是，更多的同居男女却走不到婚姻的门槛，最终选择了分手，"男人和女人，因为不了解而结合，因为太了解而分开"。调查表明，**男人同居越久越不愿意走进婚姻**，这对于女人来说真是一记晴天霹雳！当同居的生活不再新鲜，男人就有可能把目光投向别的女人。加之现行法律没有对同居的男性有任何约束，一些男人就可能在厌倦同居生活之后不负责任地离开。

当然，同居久了的男人不愿意走进婚姻有时并不是因为他不够爱你，可能还源于他没有做好走进婚姻的思想准备。既然试婚更加轻松，为何不再继续？这样的男人，吃着锅里看着碗里，除了一纸婚约，你该给他的都给他了，何不乐在其中！

男人和女人，一旦同居，就会对对方有所要求，就意味着双方互有责任。在尚未具备谈婚论嫁条件的时候同居，势必会提前中止许多重要问题的深层次了解。调研结果也表明，在结婚前就住在一起的夫妻，婚姻质量较差，婚姻满足度较低，争吵较多，交流较差，忠诚度较低。

那么，为什么越来越多的男人同居越久越不愿意结婚呢？

"如果先把结婚证领了再分手，哪怕领证只有一天，户口簿上体现的也是'离异'！"29岁的李先生说，"我和女友试婚，是奔着结婚去的，而且定了3个月的试婚期，感觉这样很安全。"

男人跟女人所抱的婚姻观念是不同的，女人愿意同居，大都是很爱这个男人，认定男人是自己要嫁的那个人。而男人则不然，或许刚同居的时候，还有那么一丝结婚的想法，可随着时间的推移，那些曾经的"激情"被同居带来的"好处"一点点耗尽。换言之，就是同居以后，男人已经体会到了婚姻的现实感，婚姻生活对他们来说不再是个充满魅力的未知世界。

美国宾州州立大学社会学家保罗·阿玛托说，人们在选择结婚对象时，比选择同居对象要挑剔得多。很多人同居只是为了分担生活费用，多一些安全感，或者只是想有个伴，并非很投入于这种关系。

为此，情感专家忠告未婚女性，不管你的内心有多强大，对这个男人的信任有多爆棚，一定要守住女性最关键的底线：**未办理结婚证，最好不要同居。同居时间越长，越难走进婚姻。**因为你一旦轻易让男人尝到同居的滋味，只会削减他们的责任感。作为女人，当你遇到一个男人一直想赖在同居的小屋里，却迟迟不愿与你牵手走进婚姻时，你就得好好掂量掂量了！

那么，究竟同居多长时间最适合结婚呢？

这当然也没有一个数字可以作为定论，而是要看双方的感情发展和外在条件的准备，但是，既然同居时间越长，越不容易走进婚姻，那也应该有相对合适的时间点来结束同居的关系。

如果从试婚的角度来看，一年的春夏秋冬轮回，已经把两个人的方方面面展示得足够彻底。从同居一年之后开始筹备婚礼，就算需要一年的时间，也可以在开始同居之后的两年之内完婚。超过两年，就有可能面临婚姻的"三年之痒"，面临"未曾结婚，却要面临离婚"的闹剧。以下是一位女性的网帖：

我们在一起已经是第三个年头了，他30岁，我29岁。眼看自己就要奔三了，家里人老是问我什么时候结婚。我跟他说了好多次这个事情，以前他说没钱怎么结婚，现在又说干吗那么早结婚（我都快30岁了！）。我真不知道他到底怎么想的，问他是不是不想跟我结婚，他又说不是；那问他什么时候结婚，他又不说，我真不知道该怎么办。我开始怀疑他到底爱不爱我。我是不是还要跟他这样继续下去呢？

同居其实是有陷阱的，它会逐渐改变两个人的心态和期许。到最后就发现一个想结婚，另一个却只想同居住在一起。要防止这样的情形发生，最好的方法就是在同居之前就约法三章，给同居设立时限，自己给自己建立约束（因为同居是没有法律约束的）。也许，一帆风顺时同居的小船可以驶进婚姻的港湾，但毕竟现实中的风浪无处不在，当身处逆境，那个当初的约定，也许就成了继续前行的灯塔和航标。

真爱发问神回复

◆**问：为什么会有婚姻恐惧症？**

◆**答：**就像人人都有恐惧的情绪一样，其实每个人在结婚的时候都会有隐隐的担心，只不过有的人担心过头了，就变成了婚姻恐惧症。婚姻恐惧症的表现主要是对婚姻持久性的怀疑和恐惧，在结婚的前一个月或前一个星期出现极度的恐惧、紧张、焦虑、烦躁等"症状"，或是疏远、冷淡、沉默寡言等行为，从而给自己的工作和生活都造成相当大的负面影响。

在同居越来越盛行的当下，"恐婚族"也越来越多。特别是在大中城市求生存的年轻男女，结婚仿佛都成了一件奢侈品。房子、车子、票子、婆婆、公公、丈母娘，没有一样是可以轻松搞定的，有木有？高比例的离婚率、不幸福的婚姻故事，再加上"婚姻是爱情的坟墓"等传说中的信念病毒，让那条通往婚姻殿堂的山路更加阴晴不定，责任、自由、爱情，究竟什么才是最重要的？在婚姻的面前，再精明的人也无法计算出未来的结局，只有体验和勇敢地迈出去。婚姻就像下围棋，你只能布局，后面的发展你一个人无法主宰，也无法预测。

简单来说，**"恐婚族"的共同特点**就是：把婚姻看得太重了，对婚姻期待太高了，又怕自己达不到那个愿景，担心自己承担不了那个不好的后果；既恐惧自己失去自由，又想要两个人绑在一起；既想抓牢对方，又怕对方抓牢自己；既想承担责任，又怕承担责任；既想要一份书面承诺，又害怕套牢了自己；既想给家人一个交代，又觉得说不定还有更好的；既想赌，又怕输。

一句话，"恐婚"就是想得太多啦！

◆问：男人和女人谁更怕结婚？

◆答：一部《逃跑新娘》的电影，让更多的人知道了"婚姻恐惧症"这回事，也让更多的人以为只有女人才会有这样的"恐婚"心理。可是，心理学的研究总是令人大跌眼镜，原来在已经订婚的青年男女中，女方比男方更渴望早点步入婚姻的殿堂，而男人却在婚期越临近的时候越紧张、恐惧——男人比女人更恐婚！

研究显示，在追求爱情的时候，男人往往像圣斗士一样百折不挠，而在爱情就要开花结果的时候，却又总是畏缩不前。主要是因为：第一，男性从小便被告诫要独立，要君子之交淡如水，他们不愿意将性格中脆弱的一面暴露给别人，即使是非常亲近的人，所以他们对于零距离的婚姻和亲密关系有一种特别的恐惧和本能的抗拒。

第二，很多男人高估了婚姻的束缚，担心婚后失去自己的独立空间。即使很多恋人实际上已经处于事实婚姻的阶段，男人还是会认为一旦有了一纸婚书的约束，便不得不为这份责任而放弃更多的自由。

第三，一些男人对于婚姻的负担估计过高，他们认为婚姻中的责任将使自己不得不为了生活质量的改善而增加过多的负担。此外，对性伴侣新鲜感的要求也是隐形的原因之一。

一起来看看男人和女人都会因为哪些"乱七八糟"的理由而"恐婚"。

➤ 男人恐婚的主要原因：

（1）担心"婚姻是爱情的坟墓"，陷入琐碎的家事之中。

（2）担心改变自己的工作和生活节奏，影响前途。

（3）怀疑自己无法承担家庭的责任，压力太大，担子太重。

（4）担心失去自由，失去自我的独立空间。

（5）担心老婆与母亲合不来，畏惧自己变成夹心饼干。

> **女人恐婚的主要原因：**

（1）担心不是真爱，嫁错了对象、爱错了人。

（2）害怕失去爱情，结婚就掉价了。

（3）不想成为"煮饭婆"，担心男强女弱。

（4）害怕婆媳关系不好，被婆婆修理。

（5）担心婚姻不是自己想要的那个样子，美好的期待落空。

◆**问：恋爱和婚姻，有多大的不同？**

◆**答：**还记得张爱玲的小说《红玫瑰与白玫瑰》里的经典段落吗？"也许每一个男子全都有过这样的两个女人，至少两个。娶了红玫瑰，久而久之，红的变了墙上的一抹蚊子血，白的还是'床前明月光'；娶了白玫瑰，白的便是衣服上沾的一粒饭粒子，红的却是心口上一颗朱砂痣。"

还有一些传说中的经典语句，自己慢慢领悟吧：

> 爱情是婚姻的前提，婚姻是爱情的结局。

> 婚姻是战场，亲密的情人可以变成仇敌。

> 恋爱是缥缈的云，自在轻盈；婚姻是沼泽地，步履艰辛。

> 恋爱是美好的，因为它把所有的麻烦都推给了婚姻。

> 恋爱是言情喜剧，婚姻是战争悲剧。

> 恋爱是在一起浪漫，婚姻是在一起吃饭。

> 爱情是风雨兼程的雨伞，婚姻是暴风雨的雷电。

> 爱情是与对方的优点调情，婚姻是与对方的缺点共存。

> 爱情是太阳，光芒万丈；婚姻是月亮，寂寞凄凉。

> 爱情是浪漫的艺术，婚姻是柴米油盐的技术。

> 爱情是有烛光的西餐厅堂，婚姻是油烟满屋的中餐厨房。

➤ 爱情是两个人都想回家，婚姻是总有一个人不想回家。

看了上面的这么多所谓的婚恋"精句"，你是不是也快要患上"婚姻恐惧症"了？那就索性把问题暂且放下，模拟上面的句子，玩一玩**"正向比喻爱情与婚姻"**的造句填空游戏吧：

➤ 恋爱是＿＿＿＿＿＿，婚姻是＿＿＿＿＿＿。
➤ 恋爱是＿＿＿＿＿＿，婚姻是＿＿＿＿＿＿。
➤ 恋爱是＿＿＿＿＿＿，婚姻是＿＿＿＿＿＿。
➤ 恋爱是＿＿＿＿＿＿，婚姻是＿＿＿＿＿＿。
➤ 恋爱是＿＿＿＿＿＿，婚姻是＿＿＿＿＿＿。
➤ 恋爱是＿＿＿＿＿＿，婚姻是＿＿＿＿＿＿。
➤ 爱情是＿＿＿＿＿＿，婚姻是＿＿＿＿＿＿。
➤ 爱情是＿＿＿＿＿＿，婚姻是＿＿＿＿＿＿。
➤ 爱情是＿＿＿＿＿＿，婚姻是＿＿＿＿＿＿。
➤ 爱情是＿＿＿＿＿＿，婚姻是＿＿＿＿＿＿。
➤ 爱情是＿＿＿＿＿＿，婚姻是＿＿＿＿＿＿。
➤ 爱情是＿＿＿＿＿＿，婚姻是＿＿＿＿＿＿。

记住是正向的比喻噢！也就是让人看了就觉得婚姻恨不得比恋爱还好，是爱情的芬芳果实。一共也是12道造句填空题，你做得出来吗？也许，你自己完成这个作业后就会发现，婚姻虽然可能不会像想象中那么轻松，但至少也是一种值得体验的神秘丰盛之旅哩！

◆问：**同居后发现三观不合怎么办？**

◆答：每个人都有自己的价值观、人生观和世界观，都有自己独特的人生经历，每个人的"三观"只要不逾越法律和道德的底线，也就没有对错、好坏之分。但是，婚姻是两个人零距离的一生相伴，是世界上最重要的亲密关系，要一起面对人生种种的磨难与困境，如果两个人的"三观"不合，就会在人生的道路上产生巨大的分歧，给彼此的亲密关系造成一次又一次的伤害。因此，在同居之后发现"三观"不合，就必然面临着痛苦的抉择。

这时你可以有三个选择：一是凑合将就下去，什么也不做，痛并郁闷着；二是经过沟通之后，坦然放弃这一段关系（三观不合这种事，确实比较致命）；三是两个人都开始改变和成长——接受对方与自己的不同，改变自己，适应对方（记住不是改变对方，适应自己）。

特别要注意的是，**千万不要彼此攻击对方不同的信念价值观**，那只会给你们彼此带来更大的伤害。两个人都要做好长期磨合、适应、改变的心理准备，不要抱有一蹴而就、快速见效的期待，因为每个人的"三观"其实都是他/她过去人生经历的总和，接受他/她的"三观"，也就是接受这个人的过去和现在。你可以选择离开，也可以选择继续，这个选择的本身不就是你的"三观"的体现吗？

趣味心理测试六：你有婚姻恐惧症吗？

根据你自己的经验或直觉，快速回答以下问题，符合的打"√"，不符合的打"×"。

☐1.每段关系进入谈婚论嫁时就特别紧张、不安、害怕。

☐2.常常感觉交往已久的恋人不可靠，或毛病多多（这种感觉在深入接触或谈婚论嫁之前并不明显）。

☐3.有时情绪失控，觉得恋人并不安全，经常会因一些小事与对方争吵。

☐4.越是谈婚论嫁，越是经常冒出终止关系的想法。

☐5.认为"婚姻是爱情的坟墓"这句话有道理，一想到结婚以后需要面对复杂的婆媳关系、家庭责任，心里就紧张、恐惧。

☐6.觉得婚姻是一种难以承受的枷锁和负担，会剥夺自己的自由。

☐7.觉得世界上没有真正幸福的婚姻，自己也不可能拥有婚姻的幸福。

☐8.除了相信自己，根本不相信其他任何人；特别不相信世界上有可靠的男人或女人，也不相信有安全、长久的婚姻。

答案请见本书附录部分。

第七章
打开爱情心密码

爱情的七个源代码，也是真爱的七个心智元素，真的可以给爱情保鲜；每个人都说着不同的爱的语言，爱情的读心术其实没有那么神秘，人人都可以学得会。

真爱的七个关键词

　　前面已经剖析过为什么世界上几乎所有的国家都只有《婚姻法》而没有《爱情法》——因为"爱情"是一种非常个性化的独特体验，没有谁能够替代别人体验爱情。那是不是爱情就完全没有规律可循了呢？

　　当然不是。我们知道，宇宙中所有的事物都是有其运行规律的。当然，有的规律可以被看见，比如四季的轮回、白天黑夜的变换，一个人从婴儿到幼儿再到成年，一步步地经历童年、少年、青年、中年、老年这样的成长规律。这些规律是"显性的规律"，也就是我们可以看到，或者可以感受到的。还有一些规律是看不见、摸不着的，比如为什么到了春天，花草树木就会重新发芽？为什么我们每个人的性格特质都不一样，同为四肢健全的人类，却各有各的想法，各有各的行为模式呢？这些"看不见的规律"就是"隐形的规律"。

　　不管是"显性的规律"还是"隐形的规律"，背后都是暗合"宇宙天地之道"的。就像所有的物质，看上去各有各的不同，其实都是由分子和原子组成的一样，事物的规律背后也有其构成的共性的核心元素。原子是由原子核和电子组成的，爱情也是由一些基本的情感编码构成的。这些情感的编码就像隐蔽在电脑软件背后的源代码，当你用不同的源代码组成不同程序的时候，你的操作系统或者你的界面就会呈现出不同的显示。人类的情感编码能够被显性感知的状态可以用一些关键词来表达，这些关键词往往被称为"心智元素"，就好像是程序的源代码一样，可以组合出不同功能的软件程序。

那么，真爱究竟有哪些"心智元素"是可以让我们理解和应用于实践的呢？

1.真我

真爱很难，也很简单。真爱之所以很难，是因为需要两个人一起打磨和改变，让彼此变得更好。真爱之所以简单，是因为只要是两个真我在一起，彼此相爱，就可以产生真爱。因此，真爱的第一个"心智元素"就是"真我"，**必须先找到真我，才可能找到真爱。**本书的第二章已经详细地分析了什么是真我，以及真我对于真爱之旅的深刻寓意。其实，爱情本身就是发现真我的一个过程，也是有关改变的幸福功课。通过发现真我，找到真爱，再通过真爱，让真我变得更好。虽然在爱情的面前卸掉已经佩戴习惯的面具并不是一件容易的事情，但是，在真爱的辐射下，每一个亲密的恋人似乎都会有莫大的勇气，愿意褪去保护色，展现出真实的自己，开启一段因为敞开、暴露、探索才会有的"真爱"旅程。这是人类与生俱来的"真爱密码"，也是真爱的第一个"心智元素"，是走向真爱之旅的第一步。

2.激情

所谓爱情，一定是充满了激情的。什么样的激情呢？火一样的激情！激情是一种充满能量的积极状态，是人类所具有的特别宝贵的积极品质。正是因为激情的存在，人类社会才得以发生沧桑的巨变和创造出不可思议的奇迹，不管是社会、经济、哲学还是艺术，它们的发展都是因为创造者百分百，甚至百分之几百的激情投入才得以发生的。所以，激情不仅是一种可以释放出巨大能量的状态，也是可以面对挑战和战胜困难的氢弹。

在爱情方面，激情更是像火焰一样燃烧着坠入情网的两个人，激励着他们迸发出惊天动地的勇气和创造力。一个有趣的发现是，很多的爱情故事最后都演变成了一个个励志故事——正是因为激情激发了爱人的能量，可以去做一些之前不敢做的，曾经以为自己做不到的事情。激情貌似是爱情的条件，其实也是爱情的产物。我们不知道是激情创造了爱情，创造了真爱，还是爱情引发了激情，真爱激发了激情。两者仿佛是相辅相成的，至少有一点可以确信的是：如果没有激情这个"心智元素"，爱情也好，真爱也罢，一概不成立！假如你觉得你们的爱情缺乏激情，不是"时候未到"，就是"爱得不够"。

心理学是这样定义爱情中的激情的：强烈地渴望和对方在一起的一种状态，非常期待频繁地跟对方在一起和互动。如果对方对自己的热情做出了反馈和回应，就会感到满足而快乐。如果对方没有对自己的热情做出回应，就会觉得失望和空虚。爱情中的激情有时候"像风像雨又像雾"，但更多的时候"像飓风像闪电像雷鸣"，瞬间爆发，瞬间消失，起起伏伏，没有定性——这恰恰就是激情这个"心智元素"给爱情带来的特殊体验。各种的起承转合，各种的急转突变，前一分钟还是风和日丽、兴高采烈，后一秒钟就可能伤心欲绝，痛不欲生。就像弗洛伊德曾经说过的：再没有比恋爱的时候容易受伤的了。一个威风凛凛的大男人，可能因为一个温婉柔弱的小女人魂不守舍，一位清丽脱俗的女神也可能因为一个"大叔"夜不能眠，说到底，这都是"激情"惹的祸啊！

激情之所以成为真爱的重要源代码之一，也是因为可以造就两个人如胶似漆恨不能合二为一的"合一"感。没有激情的冒泡，双方不会那么在意对方的一举一动，也不会"坠入"情网。"坠入"的意思就是两个人不是慢慢地像探险一样，一步一步走进情网的，而是以非正常的身不由己的状态"自由落体"下去的。这个非正常的状态不仅是理性的失控，也是生理上的紊乱，比如体内的荷尔蒙、肾上腺素、多巴胺忽高忽低，情绪、压力、感受都可能出现不规则的波动。处于热恋中的人，能量是非常高的，可以上刀山，也可以下火海！但是要特别注意，这种高能量既有正向的一面，也可能有负向的一面。正向的高能量状态可以促进恋人去做很多有益的努力和改变。比如两个人为了考上同一所大学特别刻苦地学习，两个人为了交一套新房的首付特别努力地工作，把这种高能量来创造更好的条件以保障爱情的可持续发展。反之，如果是负向高能量状态的话，就有可能是去做一些会带来恶果的事情。近期网络上有一个热点，就是合肥的"少女毁容案"民事赔偿在合肥市中级人民法院终审宣判，被毁容的少女获赔180万元。当年因求爱不成，往少女脸上泼打火机油纵火的男同学也早已被"故意伤害罪"判处12年1个月的有期徒刑。180万元和12年有期徒刑，让这个典型的"激情犯罪"告一段落，两个本该享有最美好青春年华的少男少女就这样被"激情"的冲动改变了命运。

冲动的激情有时候就像魔鬼，会让人失去理智，让人置身于危险之中而不自知。所以说，**激情本身没有好坏，要看你如何去用**。用得好，就是产生奇迹的魔法，用得不好，就可能是具有超强破坏力的魔鬼。但是，不管激情是魔法还是魔鬼，"激情"本身都是爱情中不可缺少的"心智元素"。

激情除了有正负两面性，还有截然不同的表现形式。心理学家发现，恋人之间的"激情"并不只有轰轰烈烈、惊天动地这样的表现形式，还有一些含情脉脉、温情缠绵的表现形式，比如处于激情热恋的情侣，会更长时间地注视对方的眼睛，互相交流的时候也会很自然地微笑、点头，拉拉手、摸摸腿，相互依偎什么的，这些看上去很细微、随意的动作，往往在非常相爱的情侣之间才会出现，但旁人会强烈地感受到他们内心暗流涌动的激情，只不过表现出来的是平静的海面罢了。不信你随便去找一个什么人，跟他的眼睛对视几十秒钟试试，打赌你肯定受不了，不是笑场就是尴尬。只有跟你心爱的恋人四目相对，你才会觉得是那么的自然，两个人对着看多长时间都不会感到腻歪，甚至越看越喜欢，越看越心动，说不定就忍不住要拥抱、接吻，这就是真爱的"心密码"——激情在起作用啦！

3.承诺

爱情是缔结一个新的亲密关系的过程，跟其他的同性或者异性之间的亲密关系最大的不同点就是**爱情需要"承诺"**。朋友之间的友谊不需要承诺，好就好了，散就散了；家庭成员之间的亲情有法律设立了类似"承诺"的条款，也不需要额外强调。比如美国、加拿大等国的法律就规定：家长绝对不能让12岁以下的小孩独自在家，如果被发现有这样的情形发生，家长很有可能被告上法庭，轻则罚款，重则坐牢，甚至被取消对孩子的监护权。唯有没有法律保障的"爱情"却是非常非常需要"承诺"滴！

你怎么确定一个女孩子愿意做你的女朋友呢？承诺！你会问："你愿不愿意做我的女朋友？"如果女生点头，或者弱弱地回答"我愿意"，这就是双方的一个承诺：男生承诺要做女生的"男朋友"，女孩子也承诺做男生的"女朋友"。假如没有这个承诺的过程，两个人再情投意合，也不能说已经确定了"恋爱关系"。

爱情中的承诺不仅仅是一个选择、一个决定，更是一个爱情的黏结剂，可以为爱情的成长遮风挡雨。从心理层面来讲，**承诺意味着双方都在内心做了一个重要的决定**，决定彼此要开始发展一段比较稳定的情侣关系。如果合适，有可能就是终身的伴侣。承诺的重要性其实是不言而喻的，特别是对女人而言，爱情中的承诺，应该说是关联安全感和归属感的重要一步，是一个不同角色、不同关系转折的重要标志，它也因此成了真爱密码的第三个关键词。

既然"承诺"如此重要，那就把承诺在爱情中的几个特点详细地说一说。

首先，当爱情进展顺利的时候，承诺似乎并没有那么重要。为什么呢？因为你情我愿，你亲我爱，两个人在激情爆棚的状态下，是很容易做出一些承诺的。但真正显示出"承诺"威力的，往往是在爱情不顺的时候。比如，两个异地恋的男女，一见钟情了，两个人都觉得找到了真爱，好像彼此照见了精神和灵魂，激情澎湃，发誓非她不娶，非他不嫁。然后，两个人依依不舍地分开，回到各自的城市，可能一个星期，甚至一个月都见不了面，这个时候，爱情就可能出现困境。**当困境和危机来临，承诺就开始显现它的威力了**，最直接的威力就是毫不留情地检验你的承诺是不是一个无条件的承诺。也许你曾经说过"山无棱，天地和，乃敢与君绝；我爱你，你爱我，我们要相爱一生"，但是，如果两个人的爱情不能跨越异地这样的一个障碍，不能跨越家庭背景的不同，不能超越物质层面的需求，可以说，那个承诺就是"有条件的承诺"，两个人之间的"爱情"也是有条件的爱情，**有条件的爱情就一定不是真爱**。

有的人在激情四溢的瞬间是很容易做出承诺的，你也不能说他不是真心的，但是一旦遇到了困境，或者有了更好的选择，他就很容易放弃之前的承诺。所以说，有的承诺重如泰山，有的承诺轻如鸿毛，激情退潮以后，就会看出谁在裸游。真爱的承诺是可以战胜现实社会众多的挑战的，因为困难和挑战本来就是真爱的功课，就看两个人是否愿意一起面对，一起履行承诺了。

是的，履行承诺！请记住"承诺"的第二个特点，它不仅仅是语言，不仅仅只是一种想法，而是一种行动，一种意志力支配的行动。**爱情中的"承诺"说起来容易，做起来很难**，因为爱情中的承诺关乎一生的幸福和命运。可是，"患难才能见真情"，承诺的兑现，恰恰就是克服困难的过程，是用一个一个的行动做出来的。当有一方不愿意再履行承诺的时候，爱情也就消失了。放弃承诺，也就等于放弃了责任，放弃了责任，也就等于放弃了爱情，所以，"承诺"是一个很重很重的责任。从现在开始，你需要冷静下来考虑一下，曾经在热恋时许下的承诺，你有没有在做呢？什么时候会做？什么时候可能放弃呢？**检验"承诺"的分量，也就是在检验**

"爱情" 在你心中的分量。

4.沟通

沟通，无论是在普通的人际关系中，还是在所谓的亲密关系里，都是一个最常用的关键词。前面已经讨论了亲密关系为什么会生病，其中最重要的一个原因就是沟通出了问题，可能是沟通无效，或者没有沟通，总之都是沟通惹的祸。人际关系里面出现的很多问题都是因为沟通不畅导致的。因为人跟人之间是那么的不同，其实我们是没办法真的了解别人内心到底是怎么想的。当两个人进入热恋的阶段时，其实早已在沟通了。在恋爱的初期，双方都会像孔雀开屏一样尽力展现出自己好的一面，说好听的话，赞美对方，欣赏对方，同时被对方所赞美和欣赏。当一个男人开始去追求自己心仪的女人时，眼里满满的都是女神的光环，心驰神往。当两个人真的恋爱一段时间之后，光环消失，男人就会发现其实两个人有那么多的不同！两个人的不同本身并不是问题，当初不正是因为不同才相互吸引的吗？男人和女人本来就是不同的人种（男人来自火星，女人来自金星），真正让这些不同变成问题的，都是因为**"沟通"**造成的。性格的不同、成长经历的不同、家庭背景的不同，两个人的"沟通模式"必然会不同，何况还是一男一女！而沟通模式的不同，才是真正影响爱情的"祸水"。

在有关婚恋的辅导中，不管是电视节目，还是社会上所谓的心理专家，多半都会用"沟通"这个灵丹妙药来尝试改善双方的关系。然而，心理学的研究发现，如果仅仅使用"改善沟通"这样一个方法，它的成功率并不高，第一年只有35%的情侣或夫妻出现明显的改善，一年之后，能保持效果的人又减少一半，只剩下18%的情侣或夫妻的爱情生活有所改善。这也就是说，**"沟通"只是改善情侣关系的一个方法，可能是第一步使用的方法，但绝不是唯一的一步。**

即使如此，"沟通"依然是真爱"心智元素"里排序第四的重要关键词，它可能不是充分必要条件，但它一定是幸福婚姻和爱情生活的必要条件。因为"沟通"对于所有的人际关系而言都的的确确太重要了！甚至可以说沟通是一个人跟这个世界、这个社会，跟其他人交流、分享的唯一渠道，是证明自己有价值地存在着的唯一方式。人生在于分享（没有分享的人生是什么样的呢？）。分享在于沟通，沟通在于表达，表达就是展现自我。

口头语言的交流是很重要的沟通方式，但并不是表达自我的唯一方式。绘画、写作、音乐、舞蹈、戏剧、游戏、活动，等等，都是自我表达的媒介，它们以一种非纯口语的沟通交流方式来进行表达。这些表达的形式都可以充分地展示一个人的内心世界，不用说话，就可以领悟到所表达的情绪情感，以及对这个世界的认知和看法。有些不太擅长口头表达的朋友，可以尝试一下自己别的表达方式。你要相信，上天为你关闭了一扇窗，也一定会为你打开另一扇窗，让你能够与这个世界交流。就像很多精神病人能够随手画出惊世骇俗的画作一样，不少盲人也都具有音乐表演的惊人天赋（不信的话可以看看达人秀这类的电视节目）。**每个人都有自己最擅长的表达方式，**如果你实在找不到自己最擅长的表达方式，那就赶紧学习吧！沟通与表达是需要学习和提升的，它不是与生俱来的本能，而是要通过后天的训练和努力才能运用自如的。

在恋爱的过程中，沟通的技巧主要有两个方面的体现，一个是"聆听"，另一个是"反馈"。**沟通没有失败，只有聆听和反馈，**这是我们首先要牢牢树立的一个有关沟通的信念。在热恋的时候，这似乎不是什么问题，两个人都会积极地聆听，积极地反馈，一切都是那么的融洽和默契，对方的一个细小的动作，甚至一言一行，一举一动都会被恋人看在眼里，记在心上。影视剧里经常上演这样的桥段：女人看了一眼橱窗里的一个东西，表露了一下喜欢的神情，有钱的男友就赶紧买下，当礼物送过去。还有，女生打了一个喷嚏，男生赶紧脱下外衣给她披上，自己挨冻并幸福着。这些经典的爱情桥段告诉我们，两个热恋的人，会全身心地积极倾听、积极反馈的。然而，当激情渐渐淡去，双方都好像不那么关注对方了，时间越长，倾听和反馈就越少。常听到一些女人抱怨：当初谈恋爱的时候怎么怎么关注我，怎么怎么对我好……现在呢，说个话都没人听，还不如普通的朋友哩。

一位三十多岁的女性，坚决要求离婚，丈夫不同意，也不明白日子过得好好的，妻子为什么突然提出要离婚。两个人一起来做婚姻辅导，妻子很委屈，说有两点是特别不能忍受的。第一点，自己朝夕相处的丈夫居然已经三年没有叫过自己的名字了！都是用"喂""你"来替代称呼。她本来没有发现这个称呼模式，是因为有一天上幼儿园的女儿好奇地问她："妈妈，爸爸为什么老是叫你'喂'呢？"女儿以为这是一个爸爸妈妈之间的表达方式，没想到触动了妈妈的内心按钮，她才发现，天哪！丈夫竟然已经三四年没有叫过自己的名字了，更别说是以前两个人之间的昵称、小名了，那还有什么可说的，肯定是不爱自己了呗！既然不爱了，那就离吧。

第二点不能忍受的地方，就是丈夫已经根本不反馈自己的说话了。跟他说个事儿吧，他只会说"嗯"，可能看着手机眼皮都不抬。有一次女人感冒了，让丈夫出去买菜的时候顺便买点感冒药回来，丈夫忘得一干二净。在女人眼里，这可不是买不买药的问题，而是还爱不爱的问题。这样的事情多了以后，女人就发现交代丈夫做的事情，他可能记得，也可能不记得，关键是他不会给出任何有意义的反馈，就好像"对牛弹琴"，你弹你的琴，人家吃人家的草，毫不相干。女人觉得，既然婚姻已经到了这样一个形同陌路的地步，还不如离婚算了。

其实这个个案的主要症结就是两个人的沟通出现了最基本的问题：没有聆听和缺少反馈。通过改善沟通的辅导，两个人明白了男人和女人是有不一样的沟通需求和感受的，丈夫愿意改变自己的沟通方式，女人也愿意对于男人的反馈给出积极的回应，两个人决定尝试开启一段新的亲密关系的旅程。可见，虽然沟通不是真爱成长的唯一的一步，但确确实实是很重要的一步，可以说是改善爱情困境的第一步。

5.包容

两个正在相恋相爱的人，不管如何的相似相近，也都会有许多的不同点。如果两个人想要发展一段亲密关系，那么包容是必不可少的一个要素。真正幸福的婚姻和爱情，至少有一方是特别包容的。如果两个人都相当包容，可以想象，这样的婚姻和爱情一定会是轻松与和谐的。

什么是包容？**包容是一种智慧、一种境界，是一种懂得放下、懂得后退的一种情怀**。所谓"后退一步天地宽"，包容别人，其实也是包容自己，让自己的空间更加宽阔，更加自由。因为每个人都会有各种各样的缺点，当你学会了包容别人，也就明白了"人无完人"这个道理。**包容更是一种美德**，老子说过，"大小多少，报怨以德"，意思是无论之前有多少的大小恩怨，都应该采取"以德报怨"的态度。鲁迅在《题三义塔》的诗中也写道，"度尽劫波兄弟在，相逢一笑泯恩仇"。南非前总统曼德拉，在受尽磨难出狱的时候，就说了一句话，"我没有敌人"，一时被全世界所膜拜。因此，包容不仅是一种人生的修养，也是一种善待别人也善待自己的智慧。在爱情中，当一方能够包容对方的时候，也就真正接纳了对方的全部。正如一句话所说的，**"你爱上一个人，不是说你爱上了他的优点，而是连他的缺点也爱上了，那才是真爱"**。假如一个男人爱上了一个"白富美"，表面上这个女人非常的优秀，是个女神级的女友。然后在恋爱以后，男人会发现其实女神也有一颗脆弱的玻璃心，甚至会有一些不讲理、小任性的地方。男人还要不要继续爱她呢？能不能也爱她的这些缺点和不足呢？如果爱情中的两个人不能爱上对方的缺点，那肯定不是"真爱"，因为真爱一定是两个真实自我在一起相互成长的过程。

在婚恋的辅导中，我们常常对年轻的朋友说，当你要考虑去追一个人或接受一个人追的时候，不要仅仅考虑对方有多少优点，会给你带来多少好处，更重要的是要仔细看看对方的缺点和不足，好好想想你能不能忍受一辈子，说白了，也就是你要想清楚，能不能包容对方不好的方面。

最近网络上流行一个热点，说的是一个美国的电视节目主持人，有观众来信说她太胖了，说你作为一个公众人物，怎么能这么没有社会责任感呢？你是公众人物，你不应该那么胖，你应该引导一种健康的生活方式。可以想象，这个观众并不是真的爱这个主持人，他无法包容这个主持人的身材缺陷，他只接受她好的方面，不接受她不好的方面。这个主持人是怎么回应的呢？她的回答非常的机智，非常的智慧。她说自己接到这封信以后，本来也就是笑笑而已，因为她也知道自己确实挺胖的，本来也没有把这封信当回事。但是，她的先生把这封信放在了面书（Facebook）上，结果掀起了一场轩然大波。很多观众都来留言支持她先生，说这个写信的观众，用词是极其不妥当的。这个女主持人在节目里回应的时候，说特别感谢观众的支持和鼓励，可能有的人只是看到了我大号的身材，穿着大号的衣服，可是并不了解我的内心。她感谢她的先生，不仅能接受自己这样的体型、这样的形象，而且也接受自己内在和外在的所有，特别感谢先生对自己的那种大海一样的包容。

因为我们每个人都不是完人，都会有自己的不足和缺点。如果没有包容，爱情也就不可能继续。所以"包容"也是真爱的一门重要功课，一个重要的"心智元素"关键词。

6.改变

毋庸置疑，爱情就是一个发现真我的过程，是一门有关改变的人生功课，而且这门功课永远不会结业，直到生命的终结。所以，爱情本身，就是"改变"的猛药，它会翻天覆地地改变我们的生活，甚至可以让一个人面目全非。当你用心去做真爱的功课时，你会发现，没有"改变"，也就没有成长，因此，在爱情和婚姻里，最大的心魔就是"不想改变"。只要有一方固执地认为"我不需要改变，我就是这样"的时候，爱情就会朝着"消亡"的方向衰减，除非两个人都想待在原地不变，只想凑合着过一个"流水账"式的生活。

当我们说"改变"的时候，到底是在说什么呢？可以打两个比方。第一个比方：爱情就像伊甸园，两个相爱的人就像两颗种子。当把两颗种子种进爱情的伊甸园之后，种子就会发芽、生长。这颗种子是什么呢？就是改变的种子，这颗种子承担着重新建造爱情的伊甸园的重任。如果一颗种子成长了，另一颗种子不成长；或者一颗种子长成了一棵参天大树，一颗种子长成了一团灌木丛，可以想象，两个人是没有办法互相支持，互相依靠的，**最好的爱情一定是同步地成长和相映生辉**。第二个比方：爱情就像两个人一起爬山，一起攀岩。"改变"就是登山、攀岩的过程。如果一个人在山下不动，另一个人很快爬到了山腰，甚至往山峰登去的话，想必两个人也就渐行渐远，没办法互相支持，互相鼓励了。所以说，"改变"将伴随爱情的一生，在真爱中，唯一的不变就是不断地改变和提升。

7.成长

你有没有想过，爱情的目标是什么？是结婚，然后生儿育女，对不对？也就是说，当两个人开始谈恋爱的时候，必然是奔着要结婚成家，要孕育新生命的美好愿景而去的（要流氓的除外）。这个"愿景"的实质就是生命的成长，不仅仅是个体（夫妻、孩子）的成长，也是人类和社会的成长。一代一代的人类，不仅智商越来越高（科学研究证明，每十年新生一代的智商就提高3分），而且把地球家园建设得越来越异彩纷呈。也不仅是生命的成长、智商的提高，还有人类心灵的成长、精神的丰盛。假如在爱情中没有"成长"的概念，可以想象，爱情会是怎样的一种刻板和僵化呢？没有目标，也没有改变，没有付出，也没有努力，这样的所谓爱情，肯定是没有滋养，也没有生命力的，更不是真爱的旅程。真爱一定是关于改变和领悟，关于成长和修行的。夸张一点说，**爱情的终极目标就是两个人的成长，让两个人都变得更好。**

真爱的七个关键词，是一步一步紧扣、一步一步深入的，有着奇妙的连接关系。从两个人互相探索真我，到真我的相遇激发了彼此内心的激情，火一样的激情催生了相守一生的承诺，承诺又让彼此不停地去沟通，去聆听、反馈，了解彼此的不同，化解不同的矛盾，履行曾经的承诺。当发现彼此的不同之后，就要用一种包容的心态，一种宽容的情怀和一种感性的智慧，给爱情一个自由成长的空间，彼此支持、鼓励、改变、成长，做最好版本的自己。真爱的七个关键词，既是爱情的七个"心智元素"，也是可以帮助我们发现真爱、探索真爱、成长自我的"心密码"。

爱的五种国际语言

　　美国的婚姻辅导专家盖瑞·查普曼博士在1992年出版了一本世界级的畅销书《爱的五种语言》，迄今全球销量已近千万册。2011年在中国出版以来，销量也已超过数十万册，说明人们对"爱"的关注是超乎寻常的。这本书让我们发现了一个平时容易忽略的基本真理，即我们**每个人其实都说着不同的爱的语言，每个人都喜欢不同的爱和被爱的方式**。无论是浪漫谈恋爱，还是结婚过日子，两个亲密相处的人不仅要了解对方的沟通模式、思维模式、行为模式，还要用心体会对方喜欢的**爱的语言**，也就是对方常用的**爱的模式**。查普曼博士告诉我们，每个人都有自己特别喜欢的爱的语言，就像说自己国家的母语一样，非常轻松、舒服。假如在恋爱中，你能够知晓对方最喜欢的那种爱的语言和爱的模式，则更容易"投其所好"地使用"正确"方式，事半功倍地增加爱的甜蜜，也更容易发展长久、稳定的爱情关系。尤其是激情过去，进入一个正常、平稳的爱情阶段，如何给爱情保鲜，如何给爱情投资，让爱情之树长青，就成了一个非常重要的难题。

　　真爱需要改变，相恋必须成长，可是成长总是痛苦的，令人畏惧。如果你想用一些轻松实用的方法让真爱继续，让关系改善，那就好好学习一下"爱的五种语言"吧。你会发现，原来"爱的表达"其实没有那么难，"爱的语言"就在我们身边，也许你已经在做，已经在接收，只是没有意识到而已。

爱情的双方，内心都特别渴望能够感觉到来自情侣的爱意。心理学认为，一个人想要有情感上的健康，那就必须在爱的方面得到一定的满足。因此，恋人之间"爱"的连接程度，决定着一段爱情的去留，基本上"分手"的根源，都是"爱"出了问题。因为两个相爱的人并没有血缘关系，只是因为"爱"才恋在一起，当"爱"消失时，关系也就没有了存在的理由，除非因为孩子，因为一些外在的约束，但是，那已经跟爱情无关了。

既然爱的五种语言这么重要，那就赶紧开始学习吧。

1.肯定的言语

谁都喜欢听别人夸奖自己、赞美自己，每个人都会更喜欢那些喜欢自己的人，所以，如果你想让一个人喜欢你、赞美你，那就请你先尝试喜欢他、赞美他。**肯定的言语具有无穷的力量，**可以让一个孩子鼓起勇气，也可以让一个成人披荆斩棘。

肯定的言语包括多种积极、正向的话语表达：赞扬的话语、鼓励的话语、仁慈的话语、理解的话语、谦和的话语以及欣赏的话语等，这些富有神奇魔力的话语却常常被恋爱的情侣们所忽视。特别是进入现实的婚姻生活之后，我们总是更容易习惯地发现对方身上的不足和毛病，更容易用指责、刻薄的言语去表达自己的愤怒和不满，就这样轻易地让爱情受伤，让心灵疲惫。

一起来比较一下下面两种说法的不同感受吧：

（1）丈夫接妻子下班，晚到了15分钟。妻子有些生气地说："哼，又迟到了，我在外面站了半天，风那么大，头发都吹乱了！你总是迟到，现在可好，更堵车了，回家更晚了，累死了！"

（2）同样的，丈夫接妻子下班，晚到了15分钟，妻子平静而温柔地说："亲爱的辛苦了，路上一定很堵吧，刚才我在外面站了一会儿，风有点大，我又进去了，想着自己可以不必顶着大风去挤公交车，真的很感谢你每天都绕路来接我下班，让我可以一下班就像回到家一样，只要跟你在一起，哪儿都是家！好了，我先休息了，今天有点累，这会儿路上有点堵，你慢慢开。"

同样的事情，不一样的表达，两个人的感受是完全不一样的，特别是辛苦开车来接妻子下班的丈夫，听了上面两段不同的话语，心情肯定是大不相同的。可能有人会说，这样也太假了吧，做妻子的有必要这么装吗？亲爱的，如果做妻子的真的是这样想的呢？真的是身心合一的表达呢？这是有可能的，对吧？何况，这样的"装"是很难装出来的，只能说人家到了这个修为的层次，把爱的语言修到了极致。退一步说，即便真是"装"出来的，也已经达到了目的，对吧？**效果比道理更重要，**先可能是"装"，装着装着，就成"真"的了。

肯定的语言大多是简单、好用的，你可以很自然地说出一些随意、坦率、肯定的词句来。比如：

亲爱的，你穿这件衣服好帅啊！

亲爱的，你真好，每天开车送我上班。

每次看你做饭的样子，我都好爱你啊！

谢谢你，亲爱的，总是记得我们的结婚纪念日，还送我礼物。

亲爱的，我真的很感谢你可以接纳我的任性，不好意思刚才又跟你吵架了。

对于这样温婉的表达，可能会有人不屑，真肉麻！爱人之间有必要这么赤裸裸地表达爱意吗？那请换个角度想一想，当你听见爱人说的这些话时，会不会觉得很舒服、很受用呢？感觉的事情是没办法用理性来分析的，恋人也是普通人，夫妻也是平凡人，同样需要互相的赞美和欣赏。

2.精心的时刻

当两个人全身心地在一起，别的什么都不想，只是做两个人喜欢在一起做的事情的时候，就是彼此把生命中的这一段时间全然地给了对方，也就是两个人的"精心的时刻"。比如精心的交流、精心的活动，一起吃顿饭，一起散个步，一起听音乐，一起去旅行，仿佛世界上只剩下了我们两个人，其他的一切都不存在了。精心的时刻是非常重要的，尤其是女性所钟爱的。如果说男人可能更喜欢听到肯定的语言，那么大多数的女人更喜欢精心的时刻。因此，我们常常听到女人抱怨男朋友工作太忙，没有时间陪她；妻子抱怨丈夫回家太晚，没有时间陪伴自己和孩子。

一位刚结婚不久的女人抱怨说，谈恋爱的时候就发现男朋友一有空就玩游戏，以为是没有结婚，男朋友没事做才这样瞎玩。因为谈恋爱的时候两个人工作单位离得远，一周也见不了一两次，所以女孩子有时候也陪他玩一玩，没觉得这是什么大问题。结婚以后才发现，新婚的丈夫还是一样，除了上班，回家就是玩游戏，在网上跟一帮人打得很嗨，没心情跟她两个人坐下来，哪怕是好好吃一顿饭。甚至周末、节假日，他也几乎是整天整天地沉浸在游戏之中。新婚的妻子很快受不了了，她觉得自己变成了空气，被严重忽视了，甚至产生了离婚的念头。

也许恋人各有各的爱好，各有各的减压方法，有不同消磨时间的方式，这些都不是问题，问题是有没有跟你的伴侣一起创造出一些精心的时刻，也就是两个人全然地在一起的时间，这是非常非常重要的，因为那是完全属于你们两个人的世界，是一种爱的能量传递的时刻，热恋的时候你们可能经常会那样，当热恋过去，这样精心的时刻可能就成了奢侈品。

3.馈赠的礼物

礼物是表达爱意的重要方式，不管是在人际关系上，夫妻之间还是热恋的情侣之间，赠送礼物都是一个既容易出彩，又实实在在的情感表达形式。有人不太愿意送人礼物，是因为送礼就要花钱，这是没办法回避的。是的，送礼肯定就要花钱，有些人舍得为爱情花钱，为所爱的人花钱；也有些人经济能力有限，确实没有多余的钱给爱情锦上添花；还有些人，根本就是不舍得为爱情埋单。

"礼物"这个爱的语言，有它的特殊性。有"无形的"礼物，也有"有形的"礼物，当然在这里说的礼物，一般都是指"有形的"礼物，或者是"有价值"的礼物。**当你把爱当作一种投资的时候，你就舍得把钱投在你的爱人身上，然后你就会发现，你得到的回报也是爱**。就像我们常常听到的：你给这个世界的，最后都会还给你。你给世界的是爱，那么还给你的也是爱。所以，说到爱的礼物，更多的是要树立一个信念，那就是：**以自己的能力，去投资自己的爱**。包括给爱人买喜欢的礼物，哪怕是一朵花，几个水果，或者是一张公园的门票，甚至是自己精心制作的卡片，都是一份浓浓的情意，所谓"礼轻人意重"，关键是你有没有这个想法。特别是在你经济紧张的情况下，你有没有考虑过送一点小小的礼物给两个人的爱情增添一点点轻松、快乐的色彩呢？假如你觉得，反正我没有那么多钱，送的礼物对方肯定不会满意的，那么，你就从信念的层面放弃了这样的一种爱的语言。倘若碰巧你的爱人最喜欢的"爱的语言"就是"礼物"的话，那你们的关系难免就会紧张了。其实哪怕是一本书，一个小小的纪念品，去出差或旅游的时候顺手带个小小的特产都是可以的，你尽力去做这件恋人喜欢的事情，而不必过多地思考礼物本身的价值或实用与否。

假如你实在经济困难，真的没办法拿出钱来去买对方想要的礼物，那你不妨把自己当作一个礼物。你可以做一个很浪漫的设计，让自己在一个对方最需要的时刻，很突然地出现在她面前，给她种下一颗大大的爱的种子，知道你随时都可以是她最好的人生礼物。尝试发挥你最大的想象力，好好想一想有哪些礼物可以不必花很多钱也可以让你们的爱情更加甜蜜、浪漫。

4.服务的行动

恋爱的时候，双方都很愿意为对方付出，特别是男生，甚至可以为心爱的女人付出所有，恨不能上天揽月，入海捉鳖，做什么都愿意。可是时间一长，渐渐就没有当初的那份激情了。结婚以后，柴米油盐一地鸡毛，更不愿意去做一些认为应该是对方该做的事情了。爱的五种语言——服务的行动，就是告诉我们，应该主动去做一些能够增进彼此感情的事情，用行动来表达爱的情感，用服务对爱情进行投资。其实，爱的语言都是非常简单、易行的。比如做做家务：做一顿饭，洗洗碗，整理一下床铺，清理一下书架；或者表达关心：在门口迎接爱人回家，只是帮忙接过手里的包包，把拖鞋放在门口，倒上一杯茶。爱的行动简单到可能只是一个眼神、一个抚摸、一个拥抱，但这些细微的动作，表达出来的却是你们之间跟别人不同的亲密关系。因此，也许你需要从现在开始，开始用心考虑一下，怎样为对方做一些他/她喜欢的一些小事呢？而当你在做这些事情的时候，同样会发现，爱人的快乐也就是你的快乐。当你给出爱的时候，你就已经收获了爱。

5.身体的接触

在第五章我们已经了解到，爱情跟喜欢有一个重要的差别就是身体的距离非常近，甚至是零距离。身体的接触是情感沟通的一种重要方式，可以说身体接触越亲密，双方的感情就越好，反之亦然。

触觉，是人与人之间亲密接触的最主要的方式。**触觉是人体五感里面最神奇的，**它不像视觉、听觉、嗅觉、味觉这四种感知觉，都是局限在感觉器官的部位，触觉是遍布全身的，即使再微小的触觉都可以像电流一样传遍全身。所以，**触觉是有神奇魔力的一个力量，**它也是人类出生之前，在母体中发育的唯一的语言。当婴儿出生之后，也是首先用触觉来感知外界的，因此，触觉是人类很独特很重要的一种感觉。人与人之间的身体接触，是直接可以建立一种关系，也可以直接破坏一种关系的。它既可以传达爱，也可以传达恨。比如，恋人之间可能从亲吻到抚摸，都是源于身体接触的渴求，越亲密越幸福。可是，打骂也是一种接触，有些父母会对孩子施行暴力，这也是一种用触觉的方式来发泄内心的不满。

心理学的研究发现，**当两个人的身体越靠近时，关系也就越好；**两个人的身体距离越来越远时，感情上也就已然疏远。两个人在一起谈话或者聊天，只要看看他俩之间的身体距离是近是远，大体上你就知道他们的关系是否亲密了。还有，在人际关系中，握手也是一种通过触觉表达友好、亲密的方式。如果你稍加注意，就会发现有的人很愿意伸出手来跟人握手，热情，开朗，你会感觉他内心是愿意跟你接触的；而有的人就特别不愿跟人握手，迫不得已时也只是象征性的用指尖触碰一下，或者僵硬地伸出冷冰冰的"死鱼手"，来个机械式的握手（不会用力，更不会摇动）。这是在用触觉表达拒绝亲密接触的讯息。另外，当我们遇到危机，或赢得巨大成功时，也是很容易用拥抱这种触觉的方式传递情感的。70多年前，第二次世界大战胜利的消息传到美国纽约时代广场，一位水兵在欢庆活动中情不自禁地拥抱亲吻了身旁一位素不相识的女护士，这一瞬间被《生活》杂志的摄影师阿尔弗雷德·艾森施泰特抓拍下来，成为传世的**"胜利日之吻"**的经典历史画面。

身体的接触无疑是最有力的爱的语言之一，也是男人和女人都喜欢的情感表达方式。男人就不用说了，在爱情这件事上，难免用下半身思考的多，自然愿意用最亲密的接触加深爱意。女人就更不用说了，女人都是感觉型的生物，都是喜欢被温柔地触摸、被温暖地拥抱、被深情地亲吻的

"索爱"动物，在热恋的阶段"智商"基本为0，"情商"也只剩下了为感觉而感觉，为爱而爱，基本就是"准白痴"——热恋中的女人之所以如此"愚昧"，主要就是被各种的触觉搞晕了头。

查普曼博士"发现"的五种爱的国际语言，好像各有各的不同，但实际上是有一些共同点的。**最大的共同点就是必须去"做"**，必须付诸行动，这是初学爱的五种语言时特别需要注意的一点。也就是说，不管是哪一种爱的语言，都不能只是内心的一个想法，或者只是随便说说的，而是要用心去做，去付出的。比如：

肯定的语言——要大声说出来

精心的时刻——要安排并实现

馈赠的礼物——要挑选并送出来

服务的行为——要真的做出来

身体的接触——要用行为表现出来

还有一点也很重要，那就是必须尽快了解对方最喜欢哪一种或两种爱的语言。比如，**男人可能更在意女人给自己一些肯定的语言**（并不是说女人不在意肯定的语言，而是说男人比女人可能更在意正面的肯定，所谓"女人要宠爱，男人要赞美"，说的就是这个意思）。**而女人呢，可能会对精心的时刻和爱的礼物更在意**，因为女人都是情感动物，总是觉得只有两个人黏在一起才是最重要的，所以"陪伴"的质量通常是女人比较看重的。服务的行动和身体的接触这两项，应该是男人和女人都非常在意的，只不过双方看重的方面不一样，男人可能更希望在滚床单的时候，有更强烈的身体接触，而女人可能更喜欢平常很细微的触碰，比如抚摸、拥抱，哪怕是替她温柔地取掉一片头发上的树叶或者只是帮她整理一下衣服的皱褶，都是令人幸福的小动作。

综上所述，在学会了爱的五种语言之后，一定要记得以下两点：

（1）爱的五种语言，不是一种理论、一种知识，也不是一种概念、一种方法，而是一种行为，是需要去做、去行动、去付出的。

（2）每一个人对爱的语言的需求都是不一样的。如何发现对方喜欢的一种或两种爱的语言，有针对性地给予，也是很关键的，不仅可以事半功倍地投资爱情账户，也可以赢得更丰厚的爱的回报。

学一点爱情的读心术

现在你知道了，爱有五种语言，可是，你知道你的爱人更喜欢哪一种吗？如果你要追一个女生的话，你知道她是什么样的人吗？她有什么样的性格特征？有什么样的表达方式？喜欢什么样的沟通模式？如果你已经开始恋爱了，你知道用什么样的沟通方法能够加深你们之间的亲密关系吗？

在恋爱和婚姻中，两个人彼此的接触是非常亲密和近距离的，可以说彼此都是完全暴露在对方的视野之中，那么，两个人的沟通和理解就显得非常重要了。因为如果你既不了解对方喜欢什么样的沟通模式，也不清楚对方喜好什么样的表达方式，就无法跟对方进行"有效沟通"。NLP（神经语言程式学）认为，如果一个人从来没有进行过"有效沟通"的学习和训练，在生活和工作中的沟通信息80%都可能是无效的。尤其在爱情中，"女人心，海底针"，如果男人不学一点"读心术"，真的很难了解另一半到底是怎么想的，到底有什么感觉，到底想表达什么。

学一点爱情的读心术，不仅可以听出对方的话中话，还可以根据对方的肢体语言、语声语调看出她是否言由心生，是否言不由衷。倘若了解到情侣更喜欢用某一种沟通方式的话，也就可以事半功倍地去加深感情，让爱情和婚姻都倍感轻松甜蜜。

所谓的"读心术"，不是说要看穿对方的心、读出对方的心，而是通过仔细地观察对方的言行举止，依据心理学和NLP（神经语言程式学）的一些研究方法来判断对方的真实意图。下面介绍两个在爱情婚恋中特别好用的读心术。

（一）眼球解读线索

NLP研究表明，惯用右手的人（超过80%的人都是右利手）在说话的时候，眼球会不由自主地左右、上下转动。如果一个人说话的时候，眼球往左前方或左上方看的话，就是在回忆过去真实发生过的事情和场景；而眼球如果是往右前方或右上方转的话，就是在构想未来还没有发生过的事情和场景。简单地说，记住以下两点就行了：

（1）眼球转向左前方或左上方就是在回忆过去真实发生的事情，一般不是在编造事实或撒谎。

（2）眼球转向右前方或右上方的话，多半就是在构想或创想未来还没有发生过的场景，可能是憧憬，也可能是计划，也可能是目标，当然，也可能是在编造谎言，在撒谎。

运用这个"眼球解读线索"的读心术技巧时，同时要特别注意以下两点：

（1）该技巧一般对惯用右手者是适用的，而惯用左手者可能恰恰相反，这一点要特别注意。

（2）如果你是作为观察者的话，可能跟对方是面对面的位置，那么，对方的眼睛往左转的时候，其实是在你目光的右边；而对方的眼睛往右边转的时候，其实是在你目光的左边，要注意区分出"眼球解读线索"中的左边和右边，是指被观察者的左边和右边。

这个读心小技巧在恋爱中是非常好用的，特别是当你想确认对方愿不愿意跟你一起走向未来时，就可以用这个方法跟他交流：如果他的眼睛往右边看，面部表情很投入，那么极有可能在构想你们共同的未来。你可以有意站在他的右边，跟他一起描绘未来，他就很容易被你带入对未来的憧憬之中。还有一点相当有趣的作用就是，当你要考察一个人说的话是不是真实的，比如说一个女生可能不相信一个男生所说的过去的经历，是不是读过什么大学，是不是在什么公司工作过，那么，就可以站在对面跟他说话的时候，仔细看着他的眼睛，观察他在叙述过去的时候，眼球是不是往左前方或左上方转的。如果不是，你就要小心啦！如果他的眼睛非常明显地往右前方或右上方看的话，不管他说过去上过什么大学，做过什么工作，或者家里怎么怎么样的话，你都要小心了，很可能他在撒谎。

（二）语声语调和肢体语言

只要讲到有效沟通，就不能不提美国心理学家麦拉宾提出的一个信息传递公式：

信息=7%言语+38%声调+55%的表情和动作

我们不必去质疑公式里的百分比是否准确，而是通过这个公式可以清晰地了解到，在沟通的过程中，非言语的要素是非常重要的，无论是语声语调，还是表情动作或肢体语言，都远比你说的话重要得多。

正如NLP创始人班德勒（Bandler）说过的，**沟通中有90%的信息来自非言语的情报，只有10%来自你说的话。**

为什么是这样呢？有什么科学依据吗？

就像我们已经发现情绪来源于潜意识一样，人类在沟通时，90%是在用包括语声语调、表情和肢体语言在内的身体语言进行交流，而这些身体语言属于大脑边缘系统（大脑最老旧的部分）影响的范畴，同样不受人的意识去控制。

比如说，运动员在奥运赛场上获得了冠军，激动和喜悦的心情是难以抑制的，而那些虽败犹荣的运动员，他们的难过和眼泪也是无比真实的，是装不出来的。

所以，**我们的身体是不会骗人的，**即使你言不由衷，嘴里说着一些恭维的话，心里却在诅咒对方，你的表情和肢体也会出卖你的，让人觉得"虚伪""皮笑肉不笑"，甚至浑身起鸡皮疙瘩。

有一位意大利的女歌剧演员，请一些来自国外的朋友在饭店里吃饭，这些人都不懂意大利语。女歌剧演员拿起一张纸读给大家听，声情并茂，动人心弦，客人们都感动得哭了。虽然他们没有听懂是什么意思，但都被女演员的声音深深地感染了。其实呢，女演员念的不过是饭店的菜单而已。这就是声音的魅力，更准确地说是对语声语调、情绪传达、心灵感应等灵活运用所产生的强大感染力。

我们说话的时候，会传出一种声波，带着一种能量，进入对方的耳朵和身体里。如果你的声音情感充沛、抑扬顿挫、富有感染力，就会传递出一种正向和谐的能量，让人神往，令人陶醉。不管你讲什么，哪怕是最枯燥、抽象的内容也会牢牢吸引对方。反之，如果你总是用呆板、平淡、无力的语调讲话，即使是讲述最生动的故事、最有趣的笑话，也会让人无聊乏味、昏昏欲睡的。

想一想我们听到悦耳的鸟鸣声、潺潺的流水声，心情是多么愉悦，大自然的正能量正浸入心扉。而当你行走在嘈杂的马路边，忍受着不绝于耳的城市噪声时，你是不是有一种要逃避的冲动呢？

毋庸置疑，声音是一种可以被我们的身体和心灵感受的能量，究竟传递的是正能量还是负能量，要看你是如何发声、怎么表达的。就像两个人唱同一首歌，一个人可以唱得如天籁般好听，另一个人却可以唱得要人命，除了唱歌的技巧，声调情感也是非常重要的影响因素。

可见，在沟通中最重要的是语声语调加上肢体语言（具体的动作及其表达的意思），这才是说话者想要表达的真实意思。而话语本身呢，反而可能是一层迷雾，必须通过解读肢体语言和语声语调的表达特征，才可以看到青山绿水的真面目。

这个读心小技巧在恋爱中同样是非常有用的。恋爱中的女孩子一般比较羞涩，不会用太直接的语言来表达自己的真实需求，即便她内心非常爱对方，也可能不会用话语的方式表达出来，而更多地使用语声语调和肢体语言让你"猜"。有一部黄晓明和周迅演的电影《撒娇的女人最好命》，很好地诠释了女人"撒娇"比讲道理更管用，男人对撒娇和发嗲的女生基本上是没有抵抗力的。如果女生再加上一些暧昧的肢体动作，男人就只能投降了。有人说"所有的男人都不可能坐怀不乱"，因为既然已经允许人家"坐怀"，就已经给人家发出暧昧的接纳信号了，真正的"坐怀不乱"是根本就不会让心怀叵测的女人有"坐上怀"的机会的。

懂一点爱情的沟通模式

在人际交往的沟通中，不同的人有不同的沟通模式。NLP把人的表达和沟通倾向分成了四种类型：视觉型、听觉型、感觉型、理智型。每一个人都有一个主要的沟通偏好。如果能够觉察出自己和对方的沟通偏好，就可以轻松地跟对方进行更有效的沟通。一起来看一下这四种沟通模式的取向特征。

1.视觉型

视觉型的人擅长用视觉去学习、表达、沟通、交流，喜欢用双眼来观察和体验世界上的一切，很容易把过去、现在和未来的事物在脑海里形成一个画面。视觉型的人特别喜欢五彩缤纷的颜色、美丽的场景、美丽的鲜花，或者是大自然画面一样的美景，当然，也很在意别人怎么"看"自己，一般都是严重的"外貌协会"资深成员。视觉型的人喜欢面对面地交谈，喜欢看着你的眼睛、看着你的嘴唇、看着你的一举一动。他/她会常常用一些画面感的语言跟人沟通，喜欢用颜色画出来，或者用笔写出来，白纸黑字上的东西更容易让他们记住。视觉型的人说话常常用这样的句子：

这个事看起来……
这个问题看起来挺简单的
这个计划看起来挺合理的

这件衣服颜色和款式都很好看

让我看看你都发现了些什么

我好像已经看见这个梦想实现了

我的看法是……

视觉型的人说话超喜欢用"看"字，因为他们是以图像和视觉的方式来跟这个世界交流的。如果你正在跟视觉型的女生谈恋爱的话，就要多用些图画、图形、照片、白纸这样能够被"看见"的媒介。你要记得跟她说的很多话，她是记不住的。她就喜欢"看见"，也喜欢听别人说"看"这个字。所以，如果你需要问她什么问题的话，可以这样说："亲爱的，你对这个事情有什么看法呀？"如果你想带她出去旅游，就可以这样诱惑她："我们去海边吧，蓝蓝的天，蓝蓝的水，一望无际的金色沙滩，还有海鸥在飞，太美啦！太好看啦！"她就很容易跟着你走了。

年轻的女孩子很多都是视觉型的，不过在职场中工作时间长了，不少女孩子变成了"男人婆、女汉子"，有可能会变成理智型。而年轻的男生不少都是听觉型的，在职场上工作时间长了也会逐渐变成理智型。所以，年轻的男生女生谈恋爱的时候，沟通起来会觉得有点牛头不对马嘴；反倒是年纪比较大的男女职场人士，更容易彼此理解和交流。

2.听觉型

听觉型的人是用耳朵连接这个世界的。他们喜欢讲话，喜欢聆听，喜欢音乐，喜欢哼唱，喜欢一些有魅力的声音。超级喜欢煲电话粥，反倒不怎么喜欢跟人见面。喜欢别人用说话的方式告诉他们一些事情，交代给他们一些工作，告诉他们怎么做。总之，只要是说话就好，因为他们就喜欢听。

特别要注意的是，听觉型的人分为两种。一种叫作"外听觉"；另一种叫作"内听觉"。区别在于：外听觉的人更喜欢比较大声、嘈杂的声音。比如玩摇滚、打电动、唱歌的话会把音乐声开得很大。而内听觉的人却特别喜欢安静，喜欢发烧级的音响和音乐，看电影也特别挑剔音响的效果。一般来说，内听觉的人是比较安静的，不喜欢说话。如果你要跟他说话呢，声音最好小一点，尽量让自己的声音柔和动听，他就很容易对你产生好感。

听觉型的人大部分都是男性，女性很少，因此，你会发现不少男生在恋爱时很喜欢说话（结婚以后不少都变成沉默寡言的理智型了）。正如每一个班里都有一个"胖纸"一样，每一个班里也都会有一个"话痨"，这个"话痨"一般都是男生。当视觉型的女生遇上听觉型的男生，如果女生给男生描绘一个场景，男生是很难在脑海中形成一幅图画的，更多的是在推理（不过现在"90后""00后"似乎有些不同了，视觉型的男生也越来越多了）。因为听觉型的人跟理智型的有些类似，会把语言变成一些逻辑性的东西，在脑海里进行推理演绎。这就是为什么男人喜欢看球赛听解说的原因。男人看球赛时往往对主持人或解说员也相当挑剔，不仅在乎是哪两只球队比赛，也在乎是谁解说这个比赛。还有，买发烧级音响的也大多是男性，因为"内听觉"的男人对音响是特别特别挑剔的。浙江卫视曾经有一档节目叫《转身遇到你》，每次都有四位优秀的男性背对着舞台，几位优秀的女生一一走出舞台做自我介绍。在这个节目过程中，不少男性是凭着对女生声音的喜好来选择交友的对象的。还记得有一位男性特别强调地说道"我就是来选声音的，声音好听是第一位的，否则根本不考虑"，那你就知道，他一定是一个典型的听觉型男人了。

听觉型的人常常用"听起来""多说说"这样的字眼跟人交流，请看：

听说你做了一笔大买卖

这个事儿听起来不错

再跟我说一说这件事情

真好听，这个音乐太棒了

我讲话你们怎么不听呢

你的声音真好听

没事儿给我打电话吧

我们在电话里可以好好聊一聊

你的话让我想了好几天呢

跟听觉型的人交往，要特别注意不要去跟他说太多有画面感的事情，只要多跟他说话就行了。语声语调很重要，一定要动听，最好说得比唱得还好听。

3.感觉型

有些人特别注重感觉，喜欢用自己的感觉跟这个世界做交流。我们都知道，女人是感觉型的动物，大部分的女人确实属于"感觉型"。感觉型的人非常在意表达出她们的感觉，一个非常典型的动作就是去"触摸"，通过接触去感觉。如果一位感觉型的女生要买一件衣服，她一定要亲手摸一摸质地怎么样，才会决定买不买，所以网购对她来说会有比较大的挑战，需要用另外的感觉来决定是否购买。也许不能触摸到衣物质地的感觉，但她可能因为喜欢那种网上购物的感觉而购买，现在你明白为什么淘宝店主们发明了"亲"这个代表顾客的字眼了吧，要的就是这种"亲"的感觉。

感觉型的人说话未必有逻辑，不是特别善于言辞的表达。不过可以随时在她们的脸上读出内心的喜怒哀乐，因为感觉型的人是不愿意掩饰情绪的，生气就是生气，高兴就是高兴。她们喜欢肢体接触，喜欢在交流的时候碰碰手，拍拍肩，或者拥抱一下，常常会有意无意地挨碰一下，没什么别的意思，就是觉得舒服。

感觉型的人最常用的词就是"我觉得"，你听：

我觉得这个人很棒

我觉得那个事儿不错

哎呀我现在感觉好极了

哇！我喜欢那个明星

我好喜欢待在你的身边呀

你给我的感觉好好哦

我今天觉得好开心，可是我昨天好郁闷

有一点要特别注意，如果你的女朋友是感觉型的人，你需要理解她的情绪常常会比较夸张，有时爱你爱得要命，有时恨你恨得要死，情绪起伏是比较大的，所以你要小心说话，小心做事，不要轻易惹到她。不过你会发现感觉型的女朋友动手能力很强，想做什么事情就去做了，行动力、执行力都比较强，很少拖延着。当你跟感觉型的女朋友交流和沟通时，要特别关注她的感受，多问问她：

"你觉得怎么样啊？"

"你现在感觉怎么样啊？"

"你要不要试一下这个建议呢？"

不同的是，感觉型的男性一般不会有那么大的情感波动和起伏，反倒是容易觉察到女生的心思和想法，所以感觉型的男生很容易用语言来表达自己的情绪、情感和感觉。你想想，当你遇到一个男生跟你说"我觉得是这样的""我很在意你的感觉哦"，是不是感觉暖暖的？所以，感觉型的男生反而是比较容易相处的、善解人意的伴侣哩。

4.理智型

理智型的人是非常理性、有逻辑的，一般外在的表情和动作比较少，似乎总是在思考、分析、推理，喜欢用理性、严谨的方式看待这个世界；不轻易表露自己的情绪，喜欢根据一些数据、一些前提条件来决定事情的是非对错。因此，理智型的人会花很多时间去分析、理解、判断事情，而不会盲目地去做一件事情，行动力和执行力就会稍微弱一点，容易拖延。

理智型的人常常会说：

你为什么要去旅游呢

我想听一听你的具体方案

有没有数据来支持你的论点

我觉得这个计划不太严谨

这件事情有利有弊……

我先考虑考虑再说吧

可见，理智型的人是非常理性的，喜欢根据一些数据、资料、证据来思考和分析得出结论：行，还是不行。当你遇到一个这样的男人或女人时，就要明白，他/她就是这样的人。你如果决定跟他/她谈恋爱，你就要接受和尊重他/她这样的一个性情特质。比如说，你想让你的理智型男友一起看一场电影，就要这样说："这个电影很好看的，网上90%的人都评价很好，现在已经创造了N亿票房，值得一看。"假如你想让他跟你一起去旅游，就不妨这样诱惑他："这个旅游特别划算，现在正在做促销，比平时便宜了30%，而且这个季节是最适合去这里旅游的，正好我们的时间也可以调得出来。"总之都是实打实的理性分析，跟感觉型走的路线完全不同。因为理智型的人，特别是理智型的男人，对看电影、旅游这种事情都是非常挑剔的，一般不轻易舍得把时间花在这些"不值得的消费"上，女朋友就要"对症下药"地让他觉得"超值"。甚至如果你们需要做一个结婚的计划或者选择结婚的时间，也都要尽量给他具体的、详尽的资料或者数据，促进他思考、分析，做出决定。

调研发现，中国的男性70%不是理智型就是听觉型，都是偏理性的"型"，只是理智型比听觉型更加理性。为什么说中国的大多数男人根本不懂女人心呢？因为80%的女人不是感觉型就是视觉型，都是那种情绪比较奔放、思维比较发散的性情中人，而男人都是理性、逻辑的"机器人"。**男人来自火星，女人来自金星，男人和女人完全是两个不同星球的人。**当你能够接受男人和女人有这么巨大的不同时，你也就会在恋爱的过程中，在婚姻的过程中，更明白、更清晰地觉察到，一个人用某种方式跟你交流，跟你说话，跟你沟通，也许并不是他/她的本意，只不过是他/她的模式而已，你就不会被表面上的话语，或者一些不舒服的表现所影响。只有到了这个层级，才可以称得上是一个爱情的高手，因为你已经掌握了这么好用的爱情读心术，轻轻松松就可以为爱情护航，给爱情保鲜了，相信你的爱情也一定会更加顺利。所以，不管你是在谈恋爱还是在婚姻之中，**爱情的读心术都会帮助你的亲密关系更加融洽、和谐、甜美。**

真爱发问神回复

◆**问**：因爱而性，还是因性而爱？

◆**答**：爱情的江湖上有很多似是而非的传说，比如"男人因性而爱，女人因爱而性"。到底是男人先有性才有爱，还是女人先有爱才有性呢？这个问题基本上等同于"先有鸡还是先有蛋"这样的世纪之谜。

当然，从某种程度上来讲，男人一般会用下半身思考得多一点，女人会用右半脑感觉得多一些，这样的思考方式没有好坏、对错之分，只是男女在漫长的文明进化过程中累积的经验映射。男人找女人爱爱的根本目的是为了完成"繁衍"的重任，他需要找一个或者数个最具繁殖力的女性来传递他的基因。因此，男人对女人的审美观首先就是胸大、臀肥、妖娆的原始吸引，即使到了以瘦为美的21世纪，胸大、臀肥、妖娆的原始诱惑依然是男人不变的择偶标准。理解了这一点，也就明白了男人的生物性在爱情中的重要性，当男人开始择偶时，基本就等同于雄性动物开始寻觅合适的雌性动物。寻找有利于"繁衍"后代的异性形象，是男人这个雄性动物最先考量的标准，这些都与各种版本的进化论相吻合。

女人则不然。当一个女人开始择偶时，潜意识里有更多的要求和标准。与其说她在意的是哪个男人把种子种在自己的身体里，不如说她更在意的是谁能够更好地抚养肚子里的孩子和庇护自己。她爱的是一种超越人体本身的"力量"，这种力量可以保护她和孩子稳定、安康。因此，女人必须先爱上这种"力量"，才愿意让具有这种神秘力量的男人进入自己的身体。可见，从一开始，男人和女人的择偶诉求就不一样，自然就有了

"先考虑性（生育）"，还是"先考虑爱（力量）"的差别。

哲学家和心理学家都对性和爱的各个方面提出过疑问，特别想搞清楚它们之间到底是什么关系？到底哪个在爱情和婚姻中更重要？哲学家Vannoy认为爱和性是分开的，性是跟爱平等甚至更高于爱的；而心理学家Hatfield Rapson认为，性与爱在很大程度上是重叠并交融的，至少性是由性欲而起，而爱是由激情而发的。更多的调查表明，大多数人认为**性和爱不是独立存在的，它们本来就是密切相连的；**只是有的人可能认为性高于爱，而有的人会认为爱高于性。从概率上来讲，更多的男人会本能地"因性而爱"，而更多的女人会"因爱而性"。女人不必指责男人的因性而爱，正如男人也不能嘲笑女人的因爱而性，你要做的就是调整好自己的心态，清楚自己究竟想先要"性"还是先要"爱"就可以了。大千世界，正是因为各种的不同，才有了纷繁的艳丽。

◆**问：男人对婚姻有什么幻想？**

◆**答：**男人跟女人一样，对婚姻也抱有不切实际的幻想，你以为表面上看起来，男人只希望妻子漂亮贤惠就可以了，但实际情形并非如此。中国著名精神分析专家曾奇峰老师认为男人的潜意识里对婚姻抱有如下四个方面的幻想：

第一，谈朋友和结婚是男人生活史中最重要的事件，因为这意味着他**对母亲的依恋明确地转向了另外一个异性。**但这种转变不是在一夜之间发生的，它需要一个或长或短的过程。在这个过程中，他与母亲在情感上仍有着千丝万缕的联系。这使他在潜意识里会按照母亲的外在的和内在的形象去选择女友和终身伴侣。与母亲外在形象的相似就不说了。内在的形象是指母亲对孩子所具有的爱心、耐心、宽容、温柔甚至放任等态度。男人对这些情感的向往，其强烈程度远远超过看起来很强烈的建功立业的渴望。一位刚生了一个儿子的年轻妈妈曾经说：我现在有两个儿子了，一个正在我的怀里吃奶，另一个是我丈夫。这样的女性，可以令天下所有男性无一例外地倾倒。

第二，男人需要一个固定的性伙伴，来缓解由性冲动带来的压力和焦虑。这是由基因和激素驱动的，也是种族生存的需要。一个好的妻子，首先要是一个好的性伙伴。

第三，他需要一个崇拜者。在外面的世界里，一个男人的荣耀和权威随时都可能受到其他同性的挑战。他有时候会赢，有时候会败；有时候自信，有时候自卑。这种不确定性，会严重影响到他的整个心态。所以在家中，在这个只有他一个成年男性的小世界里，他需要一种确定的权威感，或者说需要一个崇拜他的人。有很多男人在众多的女友中选择了一位性格和能力较弱的女性结婚，就是这个原因。

第四，男人也需要非肉体的，也就是说纯精神的交流。有许多女性认为，男人只知道性而不懂得情感，实在是天大的误解。男人在外，心理上的压力虽然无影无形但无比巨大，如果没有适当的途径来缓解这些压力，他每分钟都有可能精神崩溃。这样说并没有丝毫的夸张。仅仅想一想这个世界上男人每天要消耗多少吨酒，就会理解"放松"二字对男人是何等重要。最好的缓解压力的方法当然是与人交流。最方便的交流当然是与妻子谈上一谈。但若妻子不能理解他，那他呼朋唤友、饮酒赌博，甚至彻夜不归就是完全合理的了。**每一个抱怨丈夫晚归的妻子，都应该想一想丈夫晚归的原因**：是因为他觉得朋友或者酒精比你更重要，还是因为你们之间缺乏交流？

为什么说以上男人对婚姻抱有的幻想都是潜意识的，而且是不切实际的呢？

大部分男人结婚的时候都相当年轻（所以才产生了那么多剩女），其实他们匆匆忙忙地结婚，自己却未必知道结婚到底是为了什么。不信你去问问已经结婚的男人，随便找100个男人问一下：当初你结婚的时候，你想过你自己为什么要结婚吗？80%的男人会茫然地告诉你，没想过（这也是我们数次的婚恋沙龙调查的比例结果）。

所以，年轻的男人们大都是在青春迷茫的年纪稀里糊涂就结了婚，他们根本没想那么多，因此，男人对婚姻的幻想都只是在潜意识的层面，也许有的男人一辈子都没搞明白，当初自己为什么要跟这样的一个女人结婚，被套牢一辈子。

按照曾奇峰老师的说法，男人对婚姻的第一个幻想，是按照母亲的外在的和内在的形象去选择女友和终身伴侣。没错，男人对母亲的依恋根深蒂固，这种依恋的模式也是他潜意识里最熟悉的男女亲密关系的模式，谈恋爱的时候必然会拿出来用一用。但是，他不会意识到现在的女友或妻子并不是他的母亲，他自己也不再是那个小小的可人儿，可以得到无条件的母爱。正如一位男人在沙龙里分享他的恋爱经历时所说的那样：刚开始确实特别喜欢那些跟母亲有相似的性格特质和处事模式的女人，可真到了谈恋爱的阶段，才发现感觉完全不对，两个人就开始争吵，他觉得女友根本不讲道理，完全不可理喻，女友觉得他根本不像个大男人，什么都依靠不上。

看到这儿，有些女人可能会恍然大悟：怪不得"小鲜肉"男朋友可爱是可爱，却里外里都依靠不上哩！以前以为是年轻不成熟，现在才知道，合着是把女朋友当"妈妈"了，天啊！姐弟恋更不能随便谈了。

男人对婚姻的第二个幻想，是需要一个固定的性伙伴，但其实他内心里又渴望跟不同的年轻漂亮的女人爱爱（这是生物进化的竞争潜意识，不一定与品德有关）。结婚后不久男人就会发现，跟老婆大人滚床单，越滚越觉得跟想象的不太一样。

男人对婚姻的第三个幻想，是需要一个崇拜者。可是，结婚以后男人就会发现，自己又给自己找了一个整天盯着自个儿的"妈"。崇拜只是一瞬间，更多的时候是做"儿子"，要听话、顺从这个"新妈"，真是"刚出虎穴，又入狼窝"，自己偷着哭去吧。

男人对婚姻的第四个幻想，是需要非肉体的，也就是说纯精神的交流，跟本书第三章说的"柏拉图之恋"差不多。呵呵，又是一枕黄粱梦！试想一下，夫妻之间整天柴米油盐、鸡毛蒜皮的事都拎不清，哪儿有时间和精力跟你一起高山流水、风花雪月，一起畅聊古今，一起喝心灵鸡汤呢？

所以，男人潜意识里对婚姻所抱有的种种浪漫幻想，在现实的婚姻里面都会一一遭到毁灭，最后，只剩下赤裸裸的责任和一地鸡毛。看到这儿，也许有些女人会偷偷直乐，告诉你，乐早啦！如果男人在家里得不到他想要的"心理营养"，他会上哪儿寻觅去呢？生活处处是悖论，是好是坏说不清，自个儿好好想想吧。

◆问：**女人对婚姻抱有什么期待？**

◆答：如果说男人对婚姻的幻想是天上的云彩，看上去很美；那么女人对婚姻的期待，就是云彩之上的蓝天，要的就是**完美**。每一个女人都曾经对婚姻抱有完美的期待，一遍又一遍地在脑海中想象过未来理想的婚姻生活。然而，理想是丰满的，现实是骨感的，进入油盐酱醋的婚姻生活之后，女人才发现，原来现实的婚姻，就是像父亲母亲那样一天一天地过日子。

就像男人在潜意识里是按照母亲的感觉在找情侣一样，女人也在潜意识里按照父亲的形象和气质在找丈夫。当然，到头来也是白日梦一场，为什么呢？因为女人对婚姻、对丈夫的期待实在太理想、太完美啦！

简单地说，女人对丈夫的要求就是三个"长期"：**长期饭票、长期保镖、长期保姆**，有了这三个长期的保障，女人才会觉得这个婚姻是"值得"的（是不是有点像一场交易）。

长期饭票，就是"嫁汉嫁汉，穿衣吃饭"，既然我这个"人"都是你的了，你当然要负责我的吃喝拉撒睡住行，通俗点说，就是女人期待把自己完完全全地托付出去。

长期保镖，就是"风风雨雨你扛着"，你是大男人嘛，自然要出面应对所有的问题和困境，上至买房买车，下至接送上班，外加水管工、油漆工、电工、木工、勤杂工……总之就是贴钱打工的长工。

长期保姆，就是除了上面所说的实实在在的"饭票+保镖"的工作之外，还要有如父爱、兄爱一般无微不至的心灵关爱，要像主人爱护宠物一样呵护自己，因为女人都有一颗易碎的玻璃心，一旦打碎了这颗玻璃心，就会裂变成无数针尖、麦芒。呵呵，有男人好受的！

可见，女人对婚姻的期待都是实打实的，而且都在明处，都是理性和意识的产物（不像男人都是潜意识里的幻想）。谁说女人太感性了？在婚姻的这条小船上，女人精明着呢！什么都想要，什么都要最好的，因为，"既然我把人都给你了，你就应该把最好的爱都给我，必须百分百对我负责任"。

没错，**重点就在"责任"这两个字**，女人对婚姻最大的期待，就是想找个男人对她的人生"负责"，把自己完完全全地托付出去，一举解决"安全感+归属感+价值感"的人生难题。所谓"男怕入错行，女怕嫁错郎"，殊不知，这种托付心态恰恰就是幸福婚姻的最大肿瘤，但凡女人有这种托付心态的，一定是还没有开启自我探索和自我成长之旅的，在婚姻中也一定会失望、抱怨，因为她还没有学会自己对自己的人生负百分百的责任，不明白天底下没有任何一个人可以为另外一个人的人生负百分百的责任，难免就会在婚姻中纠结、痛苦、伤心、愤怒。

这就是女人对婚姻抱有的期待及其不切实际的真相，女人要的是"**长期饭票（托付）+长期保镖（保护）+长期保姆（呵护）**"，找的是人生的"**顶梁柱**"，可是，却发现"寻寻觅觅、冷冷清清，凄凄惨惨戚戚。满地黄花堆积，憔悴损，如今有谁堪摘？守着窗儿，独自怎生得黑？梧桐更兼细雨，到黄昏，点点滴滴。这次第，怎一个愁字了得！"

◆**问：爱情真的可以保鲜吗？**

◆**答：**恋爱是一种令人陶醉的经验，热恋更是一种巅峰的体验，可以令人忘却一切，只想着彼此的爱恋，一日不见如隔三秋，刚刚分手又想见面。此时此刻，两个人在对方的眼里都是带着闪亮光环的。遗憾的是，**一段神魂颠倒的浪漫爱情，平均寿命只有两年**。这是心理学家在对爱情的现象做了长期的研究之后得出的结论。

那些天长地久的爱情真的只是故事，不是现实吗？爱情到底可不可以保鲜呢？答案是肯定的。

巅峰的热恋，确实不是一个可持续的状态，但是爱情本身，却是可以保鲜的。如果说热恋是绽放的花朵，那么，爱情就更像是一棵绿植。爱情的绿植可以花开花落，也可以生根发芽。一辈子相亲相爱的爱情故事，相信你我都听过不少，**大部分的婚姻还是可以白头到老的**，离婚率再高，也是小于50%的，不是吗？

爱情的过程是很奇妙的，在恋爱的时候，两个人之间更多的是激情；结婚以后，一部分激情会转化成亲情，可是，**亲情不也是爱情的一种吗？**

宽泛地讲，亲密关系的亲情、夫妻之间的亲情，也属于爱情的范畴。所以我们才看到，离婚率再高，白头到老的夫妻却一定更多，这些一辈子相濡以沫的夫妻，一直到七八十岁依然是那么相亲相爱，甚至比年轻的时候更恩爱，这些铁一般的事实，难道还不足以证明爱情是可以保鲜的吗？

这本书读到这里，相信你已经清楚"改变、成长，真爱、关系"这样的一些有关爱情保鲜的关键词了。那么，究竟怎么去做、去行动，才能让爱情保鲜呢？

下面是一个简单的五步法，它不是一个处方，只是指引一个方向和愿景，让你们有信心携手同行，去往那个修炼真爱的道场。

1.探索真我，找到真爱

真爱的爱情显然更容易保鲜。倘若你们想要爱情有新的生命力，就要像寻找真我一样，找到真爱的真谛（详见本书第二章）。当你们可以尝试探索自我，成长自我，找到真爱的时候，也就找到了属于自己的那份神奇的力量，也就有了给爱情绿植保鲜的**土壤**。

2.两情相悦，相互接纳

当我们找到真爱、发现真我的时候，两个人是对方能够照见精神和灵魂的镜子。不过，这仅仅是爱情保鲜的第一步，彼此的照见并不意味着能够和睦相处，相爱容易相处难，接下来的功课就是要看彼此是否能够完全接纳对方。这个接纳的难度不仅在于两个人之间的接纳，还包括两个人背后的亲朋好友和社会关系等一切总和的接纳。

请注意接纳不是接受。接受是无奈的、被动的，接纳是积极的、主动的。不要小看"接纳"这个字眼，它意味着接纳对方的全部，甚至包括看不见的情绪情感，以及个性方面的缺陷等。有一句话说得好：**爱情是你和一个人的优点谈恋爱，婚姻是你跟他的缺点一起生活**。当我们能够探索真我，找到真爱，接下来的功课就是全面地相互了解、由内而外地互相接纳，为之后自我的改变与成长打下根基。

3.勇于改变，愿意成长

前面已经一再探讨了"改变"对于爱情和婚姻的重要性，也是爱情和婚姻的核心关键词之一。当两个真我相遇产生真爱的时候，就面临着漫长的磨合和改变过程。就像在小学的时候学习加减乘除，升入初中以后就学几何函数，然后到了高中学习解析几何，到大学再学微积分，一步比一步更难，一步比一步更高，这就是一个成长的过程；爱情也是如此，爱情本身，就是需要我们用心学习的一门人生功课。如果说探索真我、找到真爱的阶段是小学的爱情课程的话，那么，两情相悦、相互接纳就是一门初中阶段的课程，勇于改变、愿意成长就是高中的功课水平了（这是爱的信念，也是爱的**阳光和雨露**）。再往上，爱情的大学功课是什么呢？

4.学习修炼，提升爱商

到了大学阶段，就需要全方面地学习专业知识，提升爱商，也就是爱情的能力。怎么提升呢？除了本书前几章的全面，本章节的内容（打开爱情的心密码）也可以帮助大幅提升爱商。从真爱的七个关键词、真爱的心智元素到爱的五种国际语言以及爱情的读心术、爱情的沟通模式等，其实都是爱情在大学阶段的功课，都应该像学大学里其他的专业课程一样深入地探讨、研究。当你把这些学好了、理解了，而且升华了，你的爱商也就自然提高了。

为什么要提升"爱商"呢？因为只有提升了"爱的水平"，特别是"大爱的水平"，所谓的爱情才能真正得到滋养和生长，没有什么事情是爱解决不了的。无论是亲密关系，还是普通的人际关系，发生矛盾和冲突的根源，都是背后的爱不够，不是你自己的爱不够，就是你对对方的期待过高，觉得对方给你的爱不够。当你自己拥有充沛的大爱，充满爱的正能量时，你就会发现，所有的问题都不是问题了。爱情的**树干**就会一直往上生长，充满了旺盛的生命力。

5.用心体验，归零心态

当我们拥有了大我、大爱的心理状态，也就完成了探索真我，找到真爱，互相接纳，改变成长，提升爱商的第一回合的爱情功课（真爱的功课是螺旋式上升的无数回合的修炼）后，基本上就大学毕业了，获得了毕业证，想必也已经结出了爱情的**果实**。

大学毕业之后，有些人就要进入研究生的学习阶段了。在这个阶段，更多的是用心体验生活的点点滴滴，没有对错，没有是非，只有选择，只有因果。你很清晰自己跟自己的关系，自己跟恋人（他人）的关系，自己跟世界（宇宙和自然）的关系。你会明白哪些是你的事情，哪些是别人的事情，哪些是上天的事情。你很了解，你要为自己负责，为自己和每个人的关系负责，但你不需要为任何人负别人该负的责任。

所谓**"归零"**的心态就是活在当下。你已经知道**当下就是永恒，过去的已经过去了，未来的自然会来**。你的当下就是过去的呈现，你的未来也是当下一步一步走下去的结果。到了这个时候，在亲密关系里面，你就会很轻松、很轻盈地站在一个高度，以从容的心态看待感情的阴晴圆缺，人生的起起落落，那是一种禅定的状态。你不仅站得高，看得远，而且你的内心世界是无边无际的宇宙空间，你看到更多的可能性、更多的选择。你把每一天都当成最值得好好过的一天，甚至把每一天都当成生命的最后一天。你会尽量让自己每天过得有点意义、有点价值，也努力让自己爱的人过得有点意义、有点价值。

当你到了爱的研究生水平时，你就已经在用探寻的目光、体验的觉察来对待身边、当下的点点滴滴。你知道过去、现在和未来是一体的，**归零并不是要忘却过去、不想未来**，而是更清晰地把握**"过去就是现在，现在就是未来"**的当下时刻。只有活在当下，踏踏实实地做好每一件爱的小事，你就会欣喜地发现，爱情的鲜花会迎春开放，爱情的大树会蓬勃生长，四季轮回，每天都是新鲜的一天，都是可以创造爱的一天。不是昨天，也不是明天，对了，就是今天。

趣味心理测试七：你的爱情沟通模式是哪一种？

请根据以下的陈述符合你的实际情况的程度打分（1~5分）：

1=非常不符合　　　　　2=有点不符合　　　　　3=有点符合

4=相当符合，一般如此　　　　　5=非常符合

01.我主要基于当时的感觉做决定

02.我主要基于什么听起来最好做决定

03.我主要基于什么看起来最好做决定

04.我主要基于详细的研究和分析做决定

05.我最喜欢用衣着装扮表现自己

06.我最喜欢用行动和感受表达自己

07.我最喜欢用清晰的内容和逻辑来表达自己

08.我特别喜欢用说话和语声语调来表达自己

09.在争吵时，我最容易被对方说话的声音所影响

10.在争吵时，我最容易被对方的面部表情所影响

11.在争吵时，我最容易被对方的逻辑推理所影响

12.在争吵时，我最容易被对方的情绪情感所影响

13.我最擅长调校音乐最理想的音质和音量

14.我最擅长在一件事物上找出值得思考的地方

15.我最擅长选择舒适的衣物和家居饰品

16.我最擅长选择美丽悦目的颜色搭配和组合

17.我很容易受周围的声音影响

18.我很容易掌握和思考新的事物和资讯

19.我对于穿在身上衣物的感觉很敏锐

20.我对于颜色和事物的外观有很强烈的反应

答案请见本书附录部分。

第八章
婚姻是一场巨大的冒险

如果你要结婚，请先跟父母离婚；结婚的变化不仅仅是亲密关系的颠倒，还是两个家庭的社会关系的重新组合。从内心世界来讲，你跟任何一个人结婚，都等同于跟一个外国人结婚。

想清楚为什么要结婚

男大当婚，女大当嫁，爱情的旅程必然要通往婚姻的殿堂。可是，在进入神圣的婚姻之前，你有没有考虑过：**你究竟为什么要结婚呢？**大多数人在结婚的时候并没有意识到要搞清楚这个问题，也就是说，很多人结婚的时候，只是觉得自己该结婚了，并没有好好地思考过，自己到底为什么要结婚？

正是因为没搞清楚自己为什么要结婚，所以，在结婚以后就更容易陷入迷茫。在结婚前你可能不会想到，结婚，其实是人生旅程的一个巨大变化，不仅意味着你正式脱离了你的原生家庭，而且意味着从此以后，你跟另一半的亲密关系甚至要超过你跟父母的亲密关系。**"如果你要结婚，就要先跟父母离婚"**，说的就是这个意思。这句话一点也不夸张，遗憾的是中国式的婚礼往往不能让新婚夫妻清晰地认识到这一点，甚至恰恰相反。

在中国式的婚礼中，一对新人要给双方的父母（曾经主要是给男方的父母）鞠躬、敬茶，以表明新人的身份、地位是远远低于父母的。这个礼仪本身没有什么问题，但缺少了一个环节，就是没有西式婚礼中，女方的父亲亲手把女儿交给新郎的庄严时刻。天知道那一刻父亲是多么肝肠寸断（有些父亲潜意识里是把女婿当作抢走女儿的仇人的），女儿是多么的纠结（父亲和丈夫都是最爱，可惜只能二选一），女婿又是多么的感慨万千（从此就要像人家父亲那样，为这个女人的一辈子负责任了）。小小的一个交接仪式，寓意深刻得无法言喻，结婚原来是两个亲密关系的颠倒性转变，你有没有认真地想过，从此，两个没有血缘关系的人相互之间将比所有的血缘关系都更亲密、更重要！

结婚的变化还不仅仅是亲密关系的颠倒，还有两个家庭的社会关系的重新组合。从结婚的那一刻起，对方家庭背后的所有社会关系，也都是你的社会关系了，好的、坏的、远的、近的，都将毫不客气地成为你生命版图中的一处风景。如果说恋爱是两个人的事情，结婚就是两个家庭的社会关系的总和。因此，结婚给一对新人带来的，绝不是简单的算术题，而是一道多元多次的函数题。也许正是因为这个问题太过复杂，太过沉重，结婚的时候又忙得要命，根本无暇顾及这些"高等数学"的问题，就只能先结婚再说吧，走一步看一步，车到山前必有路。然后，等车到了山前熄了火，才发现即使有路，车也走不动了。

糊里糊涂结婚的人缺少了两个最重要的上岗证，一个是"结婚上岗证"，一个是"父母上岗证"。结婚意味着一个巨大的角色转变，比做好一份新的工作要困难多了。新人进入新企业，尚且还有入职培训、岗位培训，要先学习再上岗，实在不行还可以换一个工作。结婚却没有这样的"入职"培训，只要两厢情愿，领个证件就有了"营业执照"，完全是两个白丁"上岗"了精密仪器的车床。婚姻是一座围城，围城里有不一样的游戏规则，从单身乐园跨入婚姻围城，只需要免费的门票（结婚证），却没有经过任何培训和考核，怎么可能有好的表现呢？两个人晕晕乎乎就结婚了；然后，还没有把日子过明白，就生孩子了，就升级做父母了；再然后，孩子就稀里糊涂地长大了。这真是一件恐怖的事情，一连串人生最重要的角色转变居然可以是没有充足的心理准备，没有专业的上岗培训，没有好好地思考，也没有任何考核的！

现在，不管你是准备结婚，还是已经结婚，请你静下心来，好好想一想：**自己到底为什么要结婚？**

你为了什么因素而选择结婚?

在中国的大中城市里,不少年轻的男女结婚都是因为现实生活的压力。即便是两个人都在社会上拼搏,也难以承担高昂的房租、交通等起码的生存成本,有很多人会因为节省生活开支同居或结婚,同时彼此也有个照应。因此也出现了一个怪现象,如果是城市本地的男生女生,反而结婚会比较晚。因为他们不是一个人在外打拼,累了可以回家,可以不租房,没有那么大的生存压力。而外地来的上班族,不管是高级打工还是普通打工,其实都面临着很高的生活成本。单单房租一项,就逼迫一个人想要有一个人来分担开支。在这种情形之下,很多人会因为外在条件的束缚而结婚。虽然两个人也相爱,也合适,但此刻当下,可能就是为了结婚而结婚。

你可以为了这些外在的因素而结婚,但是你要清楚,这就是你当下想要的,首先是解决生存问题。如果是这样,你就要明白,这是你自己的选择,这是你当下能做出的最好的选择,这个选择没有对错,但会有因果。你要清楚:**当你选择一些外在的东西时,也许在别的方面就会有一些不尽如人意的地方。**比如说,也许你的伴侣不那么浪漫,在精神和灵魂的层面不那么相通,他可能只是一个普通的打工族,能够给你的只有这么多。

还有一种情况,也许你结婚是因为找到了真爱,找到了你的灵魂伴侣,但你们现实的物质基础相当困难,可是,你们还是决定结婚。可能并不是为了相互分担生活成本,而是想先确定法律的关系,要一起相守一辈子。这种由内而外的选择,也是一个选择,是根据内心的声音进行的选择。同样的,选择没有对错,只有因果,你要清楚,在这样的情形下结婚,有可能忽视一些外在的条件。比如裸婚,或者不举行婚礼,只是两个人轻轻松松、随随便便就搬到一起成为一家人,这也是一种结婚的形式。你选择了这个似乎可以陪伴你一生的人,至于他的外在条件,有没有钱、有没有地位,可能都不重要了。

两种情形，两种选择，角度不同，因果有异

第一种选择是由外而内的，更看重外在的条件，其实还没有想好到底该不该结婚，就迫于现实结婚了，只是可以一起应对越来越大的生活压力。第二种选择是由内而外的，首先是觉得这个人可以跟我相守一生，不管是什么条件我都要结婚，有可能就会忽视一些外在的条件，给未来的婚姻生活留下隐患。当然，这两种选择都会给以后的婚姻留下隐患。那么，怎样去破解这个迷局呢？

很重要的就是：你一定要在结婚前想清楚，你到底为什么要结婚？换句话说，你通过这个婚姻究竟想得到什么？有的人可能说，因为缘分到了，我要的是一种归属感，我爱上这个人，我要的就是这样的感觉。那么，请你**永远都不忘初心**，记得你当初为什么要选择这样的男人，或者为什么要选择这个女生。以后遇到困难的时候，你就知道，无论如何都要一起去克服困难，因为当初你选择的是一生的缘分。或者，你可能选择的是以外在条件为主要的，正好这个男人有房子，有比较好的经济条件，你跟他结婚，是希望有一个好的安全感，有一个好的生存条件。嫁得好可以少奋斗十年，这是你的**"嫁值观"**。无可厚非，只是你自己要清晰地认识到，你是怀有这样的一个想法进入婚姻里面的，也就不要太苛求精神和心灵层面的惺惺相惜。

当你问清楚了自己以下的问题后，你就可以明明白白地去结婚了：

我为什么要结婚？

我为什么要跟这个人结婚？

我想从婚姻里面得到什么？

我想要的婚姻是什么样子的？

我对另一半有什么期待？

我对婚姻生活有什么期待？

他/她会满足我的哪些期待？

他/她满足不了我的哪些期待？

　　当你问清楚自己这些问题后，你也就做好了一个准备，同时也大致
了解了以后的婚姻生活大体上是什么样子的。比如你要跟一个IT工程师结
婚，他可能会经常加班，精力会更多地投在工作上，思维也是比较偏理性
的，可能不太会照顾你。那你为什么要结婚呢？因为你觉得理工男工作比
较稳定，思维比较简单，人比较可靠。那么，你也就清楚了，你要的是一
份稳定，一份可靠，一份简单。假如你跟一个"富二代"结了婚，他很有
钱，很有地位，你希望跟这样的人结婚以后，过一个比较富裕的生活，比
较轻松的好日子，那么，你也要清楚，他可能应酬比较多，异性缘比较
多，给你的时间比较少，态度可能也没有那么温和，这些都是你要坦然接
受的。

　　只有在结婚之前就想清楚为什么要结婚，才能够清晰地了解婚后的状
况，有得就有失，有失就有得，就更容易放平心态，更快地适应新的家庭
角色。很多婚后出现的问题，都是因为结婚时没有想清楚自己为什么结
婚，以为婚姻是爱情的继续，殊不知爱情只是婚姻围城的免费通行证，等
你进到围城就会发现，原来，**婚姻才是你人生最大的一场冒险。**

婚姻是一场巨大的冒险

　　结婚似乎是一件顺其自然、顺理成章的事情。但是你知道吗？其实结婚也是一件最疯狂的事情。为什么呢？因为我们每个人的思维模式、行为模式、沟通模式，我们的思想、想法、信念、价值观等都是不同的。上天给每个人的资源都不一样，没有两个人是完全一样的。因此，当一个男人和一个女人走进婚姻的时候，意味着什么呢？意味着**两个完全不同的人要从此朝夕相处，形成合体**。从单身到结婚，它改变的绝不仅仅是生活方式、行为模式和情感关系，而且还有身份、角色、责任、心态、社会关系，等等，这种改变不是谁都可以接受得了的。然而，蒙在鼓里的新人结婚时总是满怀喜悦的，以为要踏上一个幸福的旅程，以为都像童话里写得那样："王子和灰姑娘历经磨难，终于花好月圆，从此，王子和公主就幸福地生活在一起。"真的是这样吗？当然不是。

　　结婚以后，男人首先会发现一切都变了，以前只要管好自己就行了，可现在有了一个**"家"**，生活方式全然改变了。以前一个人吃饱全家不饿，下班回来凑合凑合吃顿外卖快餐就行了，或者跟朋友去喝喝酒、唱唱歌、玩玩游戏、打打牌什么的，结婚以后，全都OVER了。现在一下班，就要心急火燎地赶回家，帮忙干家务，还要想办法哄老婆高兴，得天天回家陪她。有些男人过了一段时间以后就觉得受不了了，那就在家打游戏吧，老婆也不乐意，两个人就开始吵架，吵来吵去就开始冷战了，找不到好的解决办法。

婚姻不是童话故事的继续，是柴米油盐的现实生活，是对家庭、伴侣的责任。结婚之前，父母对我有责任，我对父母有责任，结婚之后，就跟一个没有血缘关系的人相互之间有了最最重大的责任。情感关系变了，生活方式变了，这些似乎都是看得见的变化，也不算是多么巨大的冒险。那为什么说结婚是人生最大的一场冒险呢？更多的是因为**在一些看不见的方面有更大的风险**。比如说，两个人的**"三观三感"**迥然不同。

所谓"三观"，即"世界观、价值观、人生观"；所谓"三感"，即"安全感、归属感、价值感"。它们涵盖了我们内心的方方面面，包括信念、身份、思想、精神，以及整个的内心地图。从这个无形的内心世界来讲，**你跟任何一个人结婚，都等同于跟一个外国人结婚**。因为两个家庭的文化就像两个国家的文化一样，肯定是不同的。当你跟一个人结婚的时候，两个人的社会关系开始互相融入，也就是两个家庭的文化、习惯、信念、价值观等开始相互交锋。每个家庭的文化，都可以说是一个小团体的文化，它可能是一个大家族的文化分支，但肯定不是你这个家族的文化分支。美国的一位心理学家诺曼·莱特曾经这样说过：**结婚就好像文化殖民与移民，**双方要进入对方的文化之中，你选择以什么样的方式进入呢？是殖民者还是移民者呢？

1.殖民者

殖民者总是想以自己的角度去体验另一个国家，而不是身处当地居民的位置。在进入这个国家时，他会去找寻本国语言的标志，找一些人能够听懂他的话，可以告诉他一些当地的情况，足矣。他并不想学这个国家的语言，只是来占领这个地盘，更不想精通这个国家的文化，反倒是想用自己国家的文化来替代当地的文化。比如说中国人到美国去，如果是殖民者的话，一般是不会去学当地的语言的，请个翻译就可以了，他也未必要跟当地的居民去互动，听不懂这个国家的话也没关系，因为我是来管你们的，我只是在这儿体验体验，看一看情况，看看怎么管你们合适。

2.移民者

移民者就完全不一样了，他早已做好完全的思想准备，要成为这个国家的公民。在移民之前，他就开始熟悉这个国家的文化、习俗、语言了。他想知道更多这个国家的历史典故、饮食习惯，甚至名人名言和一些名篇名著这些东西。他早就开始学习这个国家的语言了，因为以后就要在此生活、工作，作为这个国家的一个公民，肯定要尽快适应这个国家的方方面面。他可能会尽快地熟悉城市地形，吃各种各样的当地食物，快速地学习并用当地的语言去跟人沟通交流，积极地融入这个社会、这个社区。当移民者尝试跟当地的居民交流、沟通时，当地的居民也就会热心地回应他，他们会帮他学习一些较难词语的发声，也会给他介绍一些国家的历史、民众的习俗等，双方逐渐建立起一些互动的方式，也渐渐加深了感情，最终移民者与当地居民相互接纳，和谐地生活在一起。

可见，殖民者和移民者的心理状态是有很大差别的，如果把这两种身份放在婚姻里，大家一看就明白了，**婚姻的双方都应该做移民者，而不是殖民者**。我移到你们国家（家庭）当公民（成员），你也移到我们国家（家庭）当公民（成员）。但实际上并不是这样的，婚姻的双方其实都以为是自己到人家的家里，是要把别人变成我们国家（家庭）的移民（成员）。你看，我们自己都不想变成移民，都想去对方家殖民，怎么可能没有矛盾、冲突呢？

现在你知道，为什么说婚姻是一个巨大的冒险了吧？就是因为**不管跟谁结婚，其实都等同于跟一个外国人结婚了**。虽然你们俩说的都是中文，但实际上你们说的话彼此是听不懂的。尤其在无形的信念、价值观层面，精神、灵魂的层面，你们彼此可能是完全不相通的，你们之间的差异比想象的要大得多的多！

那该怎么办呢？当然是赶紧学习、适应，去做一个移民者。学习对方的语言，学习对方的文化习俗，融入对方的日常生活，争取早日成为这个国家合格的公民。当然，你也要帮助对方成为你这个国家的公民、你这个社区的成员。

当今世界上离婚率普遍上升，一些名人名士，或者事业有成的男士都离婚再娶，为什么呢？因为这也是婚姻冒险的一部分。我们在前面也说过了，在婚姻的旅程中，人是会变的，特别是两个内心世界相差太大的人，在信念价值观层面，在生命意义的层面，在精神与灵魂的层面有太多差异的人，会发现越来越不投机，越来越难以相处。就像两颗不同的种子，外观差不多，等种到一块地里长出芽儿来，才发现一个是稻谷，一个是秕谷。刚开始也许差别不大，越长大越成熟差别就越大，到最后秕谷被拔出了，这棵稻子跟别的稻子在一起"丰收"了。

这个比喻说的是，爱情好比是两颗种子的外形，相互吸引的多是一样的外观，能看到相同的部分，而婚姻，就是那块地，两颗种子种进去，才会发现居然有本质上的不同。真正决定婚姻成功（幸福稳定）与否的，不是外在能够看到的东西，比如生活方式、思维模式、行为模式等，这些方面如果不同，是可以被发现，也是可以被改变的，反倒是**那些看不见的深层的东西，才是决定你的婚姻幸福的最重要的元素**。因此，说婚姻是一个巨大的冒险，就是因为你明知有风险，却不知道是什么风险，也不知道你将会遇到什么，你只知道，这些风险是关乎你终身的幸福的，那是不是人生最大的一场冒险呢？

说婚姻是一场冒险，真不是吓唬你，也不是让你对婚姻产生恐惧，而是让你预先就知道婚姻是一场比战争都要艰辛的冒险，要你有这样的心理准备，让你知道要去移民而不是殖民，需要你做出巨大的改变和牺牲，只有这样，你才可能把这段漫长的婚姻之路坚持走下去。

有一些夫妻，等孩子一上大学就开始办理离婚手续。还有一些夫妻，等待着孩子结婚以后再离婚。一位在孩子结婚的第二天就开始办理离婚手续的女士说：她和丈夫的感情早就破裂了，之所以一直没有离婚，是因为要等着女儿结婚之后再离婚。为什么呢？她说，因为我不想让我的女儿在谈恋爱的时候，在出嫁的时候被认为是一个单亲家庭的人。她相信女儿结婚的时候，一定是希望父母双双到场为其祝福的，别人也会觉得女儿的原生家庭更"完整"。

这位女士用心良苦，她知道社会上对单亲家庭还是有一些偏见的，尤其是男方的父母，想必也是在意这一点的。随着心理学知识的普及，大家都知道原生家庭、单亲家庭对孩子的成长和未来多少会有影响的。因此，在爱情的砝码上，单亲家庭和父母双全的家庭似乎也有了一些不同。当问到这位女士，既然能在孩子结婚前生活在一起，为什么孩子结婚以后就不能生活在一起了呢？她回答说，其实我们早就说好了，孩子也知道，等她走进婚姻的殿堂，等她婚礼完毕，我们就会去办理离婚手续。因为在二十多年前，刚有了孩子以后，我们就发现两个人是完全不同的人，不是说我们生活不到一起，而是我们的内心世界完全不一样，我们对事情的看法、对事物的理解、对生活意义的思考都截然不同，最后才发现，原来我们的信念、价值观、人生观、世界观差别太大，两个人在一起根本就没办法交流，也没办法一起修复我们的感情，离婚是唯一可以解脱的路。

有时要等到你完全了解一个人，才发现原来彼此很陌生。

现在你更清晰了，结婚冒险冒在哪儿了，**不是外在的风险，而是内在的不同**。外在的风险在婚前可以评估，内心的不同只有在婚后检验。当婚姻进入实质性运行之后，两个人内在的东西才会一点一点地显露出来，你才会发现，天哪！两个人居然如此不同、如此迥异！时间真是一把雕刻刀，在过往的20年、30年里，把一个人的内心世界雕塑得是那么独特、个性，让每个人的信念价值观、世界观、人生观，每个人对安全感、归属感、价值感的看法，都是独一无二的。如果我们没有提前做好充分的心理准备，不能相互帮助、相互成长、相互移民、相互融入的话，这个冒险就会变成战争，这个战争就会造成一个你死我活的结局。

这就是"婚姻是一场巨大的冒险"的寓意所在。

婚姻的本质与内涵

婚姻的本质到底是什么呢？前面已经从自我的角度，探索了我们为什么要结婚，结婚到底想得到什么，同时也弄清楚在婚姻的旅途中是有很多风险的。那么，婚姻的本质到底又是什么呢？既然婚姻有这么多的风险、坎坷，那为什么人们都忙不迭地恋爱、结婚呢？好像有点越说越糊涂的感觉了。

说起婚姻的本质，其实也是仁者见仁、智者见智的问题，在学术界形成了很多的门派学说，在现实生活中也有不少的"江湖传说"。有的法律界人士认为：婚姻的本质是契约。社会学家认为：婚姻是一种身份的关系，婚姻是一种社会制度。世界各国的《婚姻法》，大都是从伦理的角度规范婚姻。那么，婚姻的本质究竟是什么呢？

当然，本书也无法给出一个标准答案，因为每个人对婚姻的要求不同，对婚姻的看法不同；每个人在婚姻中的体验也不尽相同。倘若非要给出婚姻的本质一些共性特征的话，应该可以说：**婚姻是一种生活方式的深度体验。**

有的学者认为，构成完整的婚姻有三大部分的内容。

第一，婚姻本身的一些价值和意义。可能是契约，是合作，是关系，是伦理，是繁衍，还有人说是交易，是利益的交换。当然，也有一些更看重精神层面的说法，认为婚姻是一种责任，是快乐、幸福的家园，是心灵的归宿。一些宗教人士认为，婚姻是一段姻缘，是神的旨意，等等。正是因为婚姻的本质宛如雾里看花，繁杂深邃，才会让我们对婚姻的本质有一种看不透、理不清的感觉。既然没办法定义，那就先把它放在那儿，慢慢去探索吧。

第二个部分，婚姻所给予的真实的生活体验。当两个人生活在一起的时候，其实最重要的是生活的每一天。有一句话说得好：婚姻绝不是关于爱情的，而是关于生活、关于家庭、关于亲情、关于责任的。两个人从结婚的第一天开始朝夕相处，吃饭、穿衣、睡觉，做家务、沟通交流、看书上网、玩游戏等，以前一个人无意识的生活方式发生了巨大的变化，变成了两个人的生活体验。也许你真的没想那么多，但实际上，这样日复一日的生活体验可能会给你的人生带来深刻的影响。为什么说"平平淡淡才是真"呢？什么叫平平淡淡？不就是没有频繁争吵，没有大起大落，也没有轰轰烈烈吗？这样的生活是不是也相对悠闲、相对清静、相对温馨呢？因此，婚姻的第二个构成部分实质上是一种体验。

第三个部分，外在的存在，即很多有形的外在。比如说双方的硬件条件，长相、工作、健康、学历、性格、人脉，等等。这些有形的外在曾经是恋爱时双方相互看重的，在两个人走进婚姻之前就已经"考核"过关，等真的进入婚姻生活的阶段，这些外在的条件就仅仅是一个"存在"了。它未必会严重地影响两个人的婚姻关系，但也可能由感觉上的一些变化而导致双方的一些误解和不理解。

说到底，婚姻就是一个"新家庭细胞"的成立

家庭是人类社会最基本的细胞单元，也是人类社会经过几千年的文明演变之后，大家愿意共同接受的一种组成社会的基本模式。也许，对于社会来说，家庭是非常渺小的。但是对于每一个在婚姻细胞单元之中的人来说，家庭却是自己最大的世界。因此，从某种程度上来说，婚姻的内涵就是：少年夫妻老来伴，你我携手共白头。为什么这么说呢？因为婚姻的内

涵就是关于改变、关于成长、关于修行的人生功课。从少年的爱情，到结为夫妻，然后两个人相依相伴走过一生，这就是婚姻内涵的显现过程。在这个过程中，会有各种各样的体验，会有很多人生的感悟，会重新理解这个世界，会慢慢安顿下一颗漂浮的心，找到一个归宿，找到爱的港湾。

婚姻的内涵还有更重要的一个方面，就是婚姻的**"三感三观"**。特别是"三感"，在婚姻的内涵里体现得非常突出。婚姻首先就是要解决安全感的问题。为什么人类会选择"婚姻"这样一个秩序规范呢？就是因为这样可以给人们一个安居乐业的"阵地"，这个阵地是家园、是港湾、是属于两个人自己的安全区域，这是非常重要的。其次是归属感。因为有"家"，有亲密无间的爱人，心情是踏实的，相互是被需要的，所谓归属感，最重要的一点就是我被人需要、被人重视。第三是价值观，因为在这个小家庭里面，自己有很重要的角色、地位，所以不管我在外面做什么，哪怕是一个清洁工，是一个社会最底层的劳动者，回到家里，我也是最大、最重要的，在家里，我是有价值感的。

从以上的安全感、归属感到价值感，可以看到婚姻的内涵里有一个很重要感受，就是**重要感**。也就是说，每个人在婚姻里边都能找到自己的重要性、被需要性，哪怕世界上没有其他人需要你，但是有一个人天天惦记着你，一直需要你，这就是婚姻最重要的一个内涵所在。而且，当这种重要的感觉在家庭里能够得到一个充分的显现以后，就会往外延伸，因为你肯定希望家庭生活更幸福、更美好，你就需要去努力工作，去外面打拼，一不小心就为社会做出了贡献，为人类创造了财富，通过对家庭的贡献到给社会发展的一个支持、一个助力；通过使家庭的丰盛，为社会的繁荣也贡献一份力量。这种家庭和社会的相辅相成，让我们觉得婚姻的本质与内涵真是深不可测。

觉醒的婚姻与一生的牵手

当两个人走进婚姻殿堂的时候，都觉得这是一个幸福的开始，是一个爱情童话的延续。然而，婚恋学家和心理学家告诉我们：婚姻并不是关于爱情的，而是一个全新阶段的开启。它是一个通往心灵成长的修行之旅，是两个人一起寻找真我和真爱的漫长旅程。

因此，当两个人结婚以后，突然发现对方"变了"，变得跟之前谈恋爱的时候不一样了，这一点也不奇怪。特别是女人，把婚姻当作人生的归宿，当作生活的港湾，看作一个终结。这其实是对婚姻的大大的误解。因为，不管你是什么样的女性，结婚以后都会发现，男人会变，他不仅是一个会变的男人，有时也是一个会变的大男孩。你自己也一样，不仅是一个会变的女人，有时也是一个会变的大女孩。

在年轻夫妻的婚姻生活中，第一年是充满了矛盾，充满了冲突的，是两个人争执尖锐的爆发期。先是相互争执、相互妥协；然后相互接受、相互认命。婚姻的第三年，可能又感觉不想认命了，脑子里又有了很多想法，就像一个婴儿长到两三岁的时候，会有第一个反抗期一样，这时候的婚姻也是第一个危险期。2~3年，是对婚姻的一个巨大的考验。那么，该如何度过对于婚姻来说最重要的3~7年呢？怎样在最重要的两三年、四五年、六七年，这样不同的阶段修行好自己的婚姻功课呢？请看下一本书——《婚姻是人生最大的一场冒险》。

心理学的调查表明，女性认为婚姻是幸福的开始，也是人生的港湾，是爱情的果实。女人一旦结婚，就准备在爱巢中好好享受爱的滋润了。可是，她突然发现男人变了！她做梦也想不到，三分之一的男人是相信"结婚是爱情的坟墓"这句话的，这是一个不低的比例。男人为什么觉得结婚是一个坟墓呢？这就要从男人跟母亲的关系说起了。

每个男孩都是母亲所生，所以从生物意义上来讲，男人实际上是女人的一个产物。母亲对于男孩而言，是有着居高无上的地位的。不管他跟母亲的关系如何，在内心都是有一个崇高的位置留给母亲的。或者说，在结婚之前，这个位置就是母亲的。

当男生跟女朋友谈恋爱的时候，开始就像兄弟姐妹一样，可以一起做很多事情，可以一起吃喝玩乐，可以一起远足旅游，可以彼此相亲相爱，也可以打架争吵……总之，他追求的好像是一个女孩子，是一个或可爱，或清纯，或优雅，或另类的女孩子。然而，结婚以后男人（潜意识）就赫然发现：天哪，这个女人，这个新婚的女人，她正在悄悄地取代心中母亲的那个位置。他慢慢就感觉，自己的妻子修理自己的方式、说话的语气、对家庭的要求，方方面面都跟小时候母亲的种种表现神似；然后，他也就自然而然地把自己归位到原来儿时的那个状态了。

因此，在结婚之后不久，夫妻之间会逐渐形成一个错位的亲密关系。有的是母子关系或父女关系。如果男孩子的家里面，母亲比较强势的话，就容易形成一个母子的关系；如果女孩子家里面父亲很强势，而且很爱这个女孩子的话，女孩子的婚姻就很可能演变成一个父女的关系。所以，在一段婚姻里面你会看到很多的关系，甚至可以同时存在诸多关系，母子的关系、父女的关系、兄弟姐妹的关系、亲朋好友的关系，甚至师生的关系、同事的关系、上级与下级的关系，等等。男人很快就不适应了，觉得怎么又被"束缚"了？以前他可以随时找哥们儿玩，也可以跟别的女孩调调情，约约会什么的，至少是可以随便看美女的，现在统统都不行了！

婚姻的约束对男人来说几乎是致命的痛点，除非这个男人心智相当成熟，已经完全做好了在婚姻中担当"丈夫"这样的新角色。不过生活远比想象的复杂，即使做好了这样的心理准备，他也会发现，现实的婚姻生活比他想象的还要难以适应。很多潜意识的东西在婚姻生活里会冒出很多泡泡，比如谈恋爱的时候，体验到的可能是小时候跟父母依恋的模式；可是走进婚姻之后，就不仅仅是一种依恋的模式了。婚姻生活不仅仅是你爱我、我爱你，两个人相互依恋、依赖而已，而是要天天柴米油盐地在一起，必然就开始复制双方家庭的一些生活模式，会越来越感受到双方原生家庭对这个小家庭的严重影响。

从爱情到婚姻，宛若从云端摔在地上，浪漫碎成了一地鸡毛

爱情可以浪漫，婚姻必须现实。爱情是天上的云彩，飘逸、洒脱，很舒服，很惬意，很轻松，很美好，很自由。但是，婚姻是地上的草，是要长在地上的，它必须扎根，否则就不稳定，就会左右摇摆，甚至倒塌在地上。**婚姻是无比现实的一段旅程**。谈恋爱好比是乘着一条船，可以悠闲地观赏沿途的风景；婚姻就是到站了，要一块儿下船，来到一片荒芜的小岛，两个人要白手起家，一起努力打造共同的家园。

既然婚姻不是有关爱情的，那是有关什么的呢？

婚姻是有关心灵交融和成长的旅程，当两个人进入一段婚姻的时候，更多的是进入两个人的内心世界，进入两个人的灵魂。只有在婚姻中才能发现两个人的内心是多么的不同！即使你们认定彼此是灵魂伴侣，在婚姻中也会赫然发现你们还是有着巨大的不同。

为什么上天要把我们每一个人都"制造"得如此不同呢？这些不同对于我们有什么特别的意义呢？

其实，正是因为人与人之间的不同和差异，才可以帮助我们发现世界的多样性和差异性。为什么异性相吸？因为需要一个跟自己不同的人帮助我们去改变、成长；**两个不同的人在一起，才能形成一个更有力量的团队**

组合。所以，在婚姻的这场冒险中，在两个人一起打造荒岛家园的过程中，你们才会发现，原来在婚姻里不仅仅有快乐，有开心，有相爱，还有很多很多的酸甜苦辣、爱恨情仇。而且，几乎所有的快乐，都是辛勤的"果"；所有的艰难困苦，也都是快乐成功的"因"。

快乐是辛苦的果，辛苦是快乐的因

人生就是这样，一个艰难接着一个快乐，一个快乐又连着一个困苦；一个艰难，又通往一个幸福，周而复始。所谓"人生十之八九都是痛苦的"，就是这个意思。看到这儿，有的朋友可能有点畏惧了，想着如果婚姻真的是这副模样，为什么我要去趟这个浑水？

因为你没有选择，婚姻是我们每个人最大的一门人生功课，人类的繁衍只是婚姻的一小部分，婚姻更多的意义在于让我们知道：婚姻是通往心灵成长的道路，家庭是自我修行的道场。无论你一个人走，还是两个人同行，在通往心灵探索的道路上，每一步都会布满荆棘。加拿大婚恋专家克里斯多弗在《亲密关系》这本书里写道：**如果你没有经历一些困难，一些磨难，怎么可能成长呢？**

爱情和婚姻的区别真是太大了！我们在第一章就说过，爱情是一份美好的礼物，当你拨开一层又一层的包装纸，展现在面前的是两颗跳动的心，充满活力、充满信心、充满希望的两颗心。婚姻也是个人生大礼包，只是需要你花漫长的时间，慢慢地拨开一层又一层的包装，最后会发现什么呢？到最后，你会发现，礼物的里面只有你自己一个人，但那是不一样的一个人。究竟有什么不一样？我想，到最后你自己会明白的。

婚姻的觉醒

所谓婚姻的觉醒，就是要清楚地看到婚姻不是关于爱情，关于浪漫，关于两个人互相依赖和影响，而是关于两个人要一起去面对很多的困境，面对很多亲密关系背后的真相。婚姻是一种无条件的承诺。两个人一旦进入婚姻的围城，就真的可能要牵手一生，因为婚姻的功课一定是要两个人一起去修的，没有办法一个人去完成。就像在本书开篇所说的那样，人生只有一件事是没办法一个人去完成的，那就是结婚，然后生儿育女。

在婚姻中确实会有很多的困难、很多的挑战、很多的冒险，但同时，婚姻也是亲密关系最好的连接形式，是"爱"的栖息之地。你们能够一起进入真爱的旅程，能够开始在精神和灵魂的层面进行修行时，就会发现，**所有的灵魂都是带着无穷无尽的"大爱"的，**那是一种完全不一样的体验。当两个人携手前行的时候你就会发现，你们有足够的能量和勇气去面对一切困难的。因为**没有什么困难是爱不能去战胜的，也没有什么问题是大到爱无法解决的**——这两句话是不需要解释的，只要能够真心地相信，我们每个人的内心都有无穷无尽的爱的能量，都有一颗爱的种子就可以了。

婚姻是有关现实生活的艰难修行，目的地却是幸福的源头。婚姻可以让我们内心更加丰盛，外在更加强大，从此，你也就不再孤单，当然也不再自由。在这样的人生旅程中，你会欣喜地发现，有一个人始终陪在你的身边，和你一起探索人生的意义和真爱的奥秘，那是一件多么、多么、多么美好的事情啊！

真爱发问神回复

◆**问:** 亲密关系为什么会生病?

◆**答:** 简单地说,亲密关系之所以会生病,是因为两个人的内心连接出了问题,常见的有以下几种症状。

1.托付心态,没有界限

有的女人一旦结婚,就恨不得把自己全然地托付给对方。我一生吃喝拉撒睡,一生的幸福,所有的所有,恨不得连我们家里的所有人,父母兄弟姐妹,七大姑八大姨,统统都归你负责了。这样对自己不负责任的托付心态,一定会导致在婚姻里没有一个清晰的界限。不清楚各自的责任是什么,也不知道双方该如何互相协作,一起努力创造共同的未来。可以说,**由于托付心态导致的没有界限**,是亲密关系里最大的敌人。

2.不愿改变,拒绝成长

这一点在中国的男性中尤为突出。在婚姻之中,往往是女人先受不了亲密关系的疏离,开始寻求外界的帮助,或开始成长自己。但发现男人很难认同这样的想法,男人通常更固执,会认为我就是这样的,我就是我,是不一样的烟火。我一开始就是这样的,永远就是这样的,我不会变。他拒绝成长,拒绝改变,因为他没有意识到,所有的生命,不管是植物、动物,都是要不断成长的。没有成长就等于已经死亡了。所以,拒绝成长不愿改变,可以说是在亲密关系里的第二号大敌。

3.无效沟通,缺乏弹性

男人女人来自不同的星球,女人用右半脑想象,男人用左半脑思考。

女人更多的可能是视觉型、感性型的，是需要充分表达出来的；男人可能是理性型、听觉型的，可能觉得点到为止就行了，其他的自行补脑去吧。这就是亲密关系生病的一个形象体现：一个用右半脑想象的人，跟一个用左半脑思考的人，在进行沟通、交流时，基本上等于是"鸡同鸭讲"，因为两个人的神经语言编码程序是完全不一样的。

一对夫妻在一个秋天的傍晚一起散步，一阵风吹过来，男人毫无感觉，女人说："哎呀，怎么这么冷啊！"她还记得热恋的时候，男人会脱下衣服披在她身上，如今也算是老夫老妻了，男人说："没有啊，挺暖和的，23℃，你怎么会觉得冷呢？"

两个人谈的方向完全不同，男人说的是温度，女人说的是感觉，典型的无效沟通。就像在大夏天，男生会觉得在空调的房间里待着很凉爽、舒服，可女生会觉得空调特别冷，浑身透凉。

4.情绪不稳，脾气冲动

夫妻只要有一方脾气特别暴躁，婚姻迟早都会出问题，而且问题往往还不仅是在夫妻之间，更受伤的是孩子。如果家里有一个情绪特别不稳、情绪容易暴躁的母亲，孩子是非常受罪的。有些脾气暴躁的女人，发泄的方式就是打骂，很多像刀子一样的话语，直接就插到孩子的心里。这样的孩子不仅对自己没有自信，在青春期的时候还容易出现性别的不认同。如果家里是父亲的脾气暴躁，动不动就打孩子，孩子也是非常痛苦的，内心同样会有深深的不自信，而且也难以建立良好的自我价值和自我概念。反过来，孩子的不自信会体现在学习、生活、交友的方方面面，可能又让父母更加恼怒，变本加厉地打骂孩子，形成恶性循环。

5.小我作祟，心胸狭隘

每个人都是带着小我进入恋爱的状态、婚姻的状态。小我的特点就是渴望外界的心理营养，要认可、要关注、要赞美、要关怀。小我的人时时刻刻只关注自己，很难大方地去"给予"。跟一个小我非常强烈的人谈恋爱，是一件苦差事，他会特别在意你对我是不是足够好，哪怕一个小小动作都可能造成一个恶劣的后果。有些小女生对男朋友的要求非常严苛，要求每时每刻都只能关注在自己的身上，看别的女性一眼都不行。这样的关系很容易走进一个死胡同，除非另一方"忍辱负重"，做出极大的让步。

6.缺少自信，不够自尊自爱

缺乏自信的人一般也都不够自尊自爱，在亲密关系里表现为自我价值感的严重不足。内心自我价值感不足的人，是没办法拥有幸福稳定的亲密关系的，因为他/她的潜意识里总是觉得自己不够好，根本不相信自己有资格享受到幸福的婚姻生活，反倒是觉得那种天天吵架、互相打骂的生活才是正常的，所以他/她"想方设法"也要把自己的婚姻生活搞得很悲催、很凌乱。

◆**问：为什么婆媳大战硝烟弥漫？**

◆**答：** 说起婆媳大战，乍听起来是婆婆和媳妇之间的战斗，其实是夹在中间的那个婆婆的儿子、媳妇的丈夫躲在了暗处。当婆媳大战鸣锣开战的时候，这个"夹心饼"的"儿子+老公"在干什么呢？

很明显，婆媳大战是在争权，争什么权呢？对这个"小家"的控制权。一般来说，容易挑剔、指责媳妇的婆婆，在自己的家里也是控制权在握的，特别是那种没有边界的婆婆，即使是在儿子的家里，依然会认为儿子是她的，儿媳只是一个外人。在她的心里是有个界限的，她把自己和儿子划归在家的范畴里，把儿媳划在家外面。她认为媳妇儿是后进来的，当然要听她的。这样的婆婆只是不明白，恰恰是她进入了媳妇和儿子的家，她才是那个外人。

中国式的婆婆是很难认同这一点的：结婚后的儿子和儿媳的亲密关

系，早已超过了儿子和父母的关系。儿子长大了，还能跟母亲共睡一张床吗？显然不能，所以必须承认上天安排的这种自然规律：**儿子和儿媳更加亲密。**这个功课对于中国的父母确实有点难以接受，因为实施计划生育政策，大多数的城市家庭只有一个独生儿子，母亲必然会把太多太多的期待托付到儿子身上，包括自己以后的幸福（所以中国女性不仅仅在结婚的时候有托付心态，在儿子结婚的时候还要再托付一次）。为什么婆婆想托付自己给儿子呢？这与同样藏身暗处的公公是密不可分的。

在婆媳大战中，其实公公的作用也是很明显的，只不过他没有参与进来。那为什么在这场战役中公公是脱离的呢？因为在自己的家庭中，公公早就是脱离的状态，早就学会了在这种战争中，从老婆的抱怨、指责中抽离出来明哲保身。这也是为什么婆婆把希望都寄托在儿子身上的重要原因之一，很多中国式的母亲都爱儿子超过丈夫。这样的"爱法"在孩子小时候不是不可以，毕竟孩子在青春期以前，特别是7岁以前，需要得到来自父母的无条件的爱。但同时做妻子的也要爱丈夫，要让丈夫在儿子的成长过程中有发言权。

如果有婆媳大战，那就意味着"儿子+老公"的这个男人不足以挺身而出平定战局，公公也是退缩的，家里的主战场就变成了一老一少两个女人，而这两个女人都有自己的法宝，这个法宝能量都是原子弹级的。一个是自己的儿子，一个是自己的老公，相互拼杀起来使用的都是毁灭性的武器。可是，她们却没有想过把这个儿子或老公放在了什么位置，他变成了人肉炸弹，他是原子弹，是氢弹，但是要让他去炸谁？让他跟婆婆分裂，断绝母子关系？还是跟媳妇离婚，回归原生家庭？无论什么结果，都是小小的家庭所不能承受的结局。

◆**问：他为什么总是不改变？**

◆**答：**那是因为你自己没有改变呀，或者说，你改变得还不够！

结婚以后，你们的相处模式逐渐定型，你不变的话，他当然也不会改变。他之所以不改变，更多的是因为你也没有改变。当你改变以后，你看他的角度就不一样了。当你看他的眼神和角度不一样时，奇迹就开始发生了，他自然而然就开始改变了，这样的例子多不胜数。许多女性在成长的旅途中都会惊喜地发现：哎呀！我本来是为了改变孩子才改变自己的，没想到发现老公也变了。

假如你觉得自己已经成长了，改变了，可是他还是没有变，那只能说，你改变得还不够，可能在影响你丈夫的地方改变得还不够。比如说，有些女人觉得自己搞清楚了一些事情，更客观冷静了，回家不跟老公吵架了，但她并没有学会如何跟老公进行真正有效的沟通。或者说她嘴上改变了，行为上并没有改变；又或者是行为上改变了，嘴上又得理不饶人，依旧喜欢抱怨、唠叨。

男人更重视的是妻子自尊、自爱、自强的精神，喜欢由内而外散发正能量的女人。因此，当你觉得自己改变了，而丈夫还没有改变时，你必须继续坚持，因为这是一个由量变到质变的过程。男人是个洞穴动物，他习惯躲在洞穴里保护自己，不像女人那么张扬。他会在洞穴中观察一阵子，冷眼旁观老婆的种种变化，他不会从一开始就相信老婆真的改变了，真的要跟自己和平相处了，而是怀疑自己一出洞，就会被老婆揪住疯狂报复。只有等到他确信自己真的安全了，真的能够得到公平友好的对待了，他才会走出洞穴，放心地与你交流。所以，男人总是变得有点慢，女人要有这样的认知和心理准备。

一起来看一个案例：

一个三十多岁的妈妈，因为孩子的辍学问题寻求心理辅导，在辅导的过程中发现，孩子的辍学与夫妻之间巨大的不认同，以及两人一直吵架以至于濒临离婚的状态是有关系的。这个男孩的自尊心特别强，他觉得这样的家庭环境让他的学习失去了意义。因为做父母的在这种情况下，一方面容易忽视孩子，另一方面又容易对孩子相当苛刻，战火随时可能会蔓延到孩子身上。那孩子为什么还要学习？他已经没有了价值感和成就感，也就不会去追求自己的东西了。

当这个妈妈开始改变，去调整跟孩子的关系，还有老公的关系时，奇迹出现了！母亲一旦改变，孩子也就很快跟着改变，因为孩子能特别直接地感觉到妈妈变了。慢慢地，老公也开始变了，同时孩子和老公的关系也越来越好了。妈妈开始只想通过自己的成长来帮助孩子，没想到自己成长以后，自己的家庭真的破镜重圆了。

◆问：为什么说婚姻是最好的修行？

◆答：因为只有在婚姻里，两个人的方方面面才可以暴露无遗。同时，也只有在婚姻里才会发现，两个人越来越了解，却越来越陌生。然而，因为有一纸婚书，所以别无选择，只能尝试改变、适应、磨合、重建两个人的亲密关系。

在这个自我的重塑和关系的重建中，两个人将启动全面的人生升级程序，在以下四个方面都发生强有力的改变和升级，才能拥有幸福和谐的美满婚姻。

1.角色的转变和升级

从单身到已婚，绝不是两个人搭伙过日子，而是从父母的孩子变成了"准父母"的夫妻，开启了从新婚夫妻到为人父母的新旅程。这种角色的转变不亚于从学校进入社会，从学生"升级"为社会人的颠覆性转变。男孩变成男人，女孩变成女人，无论是从外在的形式上，还是内心的感受上，都好比关上了一扇通往过去的大门，开启了一段神秘莫测的未来之旅。

2.责任的转变和升级

结婚前一个人吃饱了不饿，结婚后两个人吃饱了还要"存货"。家庭需要建设，幸福需要创造，两个人不仅对对方负有责任，也对这个家庭负有责任。一旦有了孩子，责任就更大了。家庭的责任不是说说的，而是要时刻变现的，柴米油盐酱醋茶，吃喝拉撒睡住行，哪一样都是沉甸甸的责任，何况，还有远方的诗和田野呢？

3.心态的转变和升级

人生不是只有开心、快乐，无忧无虑的童年和少年，还有需要闯荡、打拼，历经艰难困苦的青年、中年和老年，婚姻让我们对人生的体验更加多元和立体了，因为你的开心就是他的快乐，他的痛苦也是你的不幸，从此，你就不再是为了你自己，为了你爸妈去拼搏、去生活，而是为了你们的小家，为了未来你们成为合格的爸爸妈妈而奋斗终生。

4.关系的转变和升级

结婚不仅仅是两个家庭的社会关系的相乘相加，也是两个人过往所有人际关系的累积交叉，各种关系之复杂只能用"无法言喻"来表达。这是一个巨大的考验，就像一个布满雷阵的战场，手里拿着探雷器，也要且行且小心，一不留神就会引爆整个雷区，毁灭所有的关系。

有人说，如果这样，干吗要结婚？我不想要这样高难度的修行。可是，你知道吗？正如事物的两面性往往如钟摆的振幅一样，**给你多少考验，就会给你多大回报**。婚姻的回报不是别的，是"爱"。在婚姻里的修行，表明上修的是上面的种种变化和升级，实质上修的都是**"爱的体验和升华"**，你可以不要婚姻，但你可以不要"爱"吗？

人生有两个最重要的修行道场，一个是事业和工作，另一个就是婚姻和家庭。如果说事业和工作修的是人生价值和自我实现，那么，婚姻和家庭修的就是"爱与自我"——因为有爱的温暖，还有自我的成长，婚姻才成为最好的修行城堡，这不仅是婚姻的目的，也是我们人生的终极目标。

趣味心理测试八：给你的亲密关系打分

以下每道题满分10分，请你根据你自己的感觉给你的另一半打分：

1.我认为TA的性情非常好。给_____分

2.我觉得TA真的对我很好。给_____分

3.我真的希望跟TA过一辈子。给_____分

4.我觉得TA跟我的价值观很相似。给_____分

5.看见TA或想起TA心中就很开心。给_____分

6.我可以为TA做任何事情。给_____分

7.我觉得对TA的幸福负有责任。给_____分

8.我会原谅TA所做的任何事情。给_____分

9.我恨不能时时刻刻都跟TA在一起。给_____分

10.我觉得TA哪儿都好，缺点都是优点。给_____分

答案请见本书附录部分。

附录：趣味心理测试答案

■测试一

先记录每道题的选项得分：

选□1=1分，选□2=2分，选□3=3分，选□4=4分

然后把3道题的总分加起来，即为本测试的总得分。

浪漫爱：也许爱情真的很重要（11~12分）

你是一个很看重感情的人，也是一个注重享受生活的人，一旦喜欢上一个人，你会全心投入地去爱对方，努力给对方更丰富的生活，甚至会刻意营造浪漫氛围。不过你可能因为太投入，对对方也会有较高的期待，一旦出现爱情危机，你有可能做出傻事。要注意的是：爱情不是游戏，是心与心的沟通，多给对方一些自由，也等于是给自己更多空间。

神秘爱：也许爱情就是一种缘分（8~10分）

你是一个比较看重感觉的人，喜欢浪漫而且有包容心，尽量满足对方的要求，自己从不挑剔，非常珍惜缘分。不过你有时会担心自己对别人不够好，总是尽量用行动表达自己的爱意。在爱情里，你是值得珍惜的，如果是女性，你可能会在浪漫与现实之间游移不定，不知道该更看重什么。要注意的是：虽然你觉得自己可能给不了或者得不到特别完美的爱情，但也许可以偶尔激情一下，制造一些其实你很在意的浪漫的回忆。

现实爱：爱情的稳定最重要（5~7分）

你是一个注重现实的人，给对方的爱情通常是很现实的。你是一个愿意遵循人生定律而走一步说一步的人，恋爱、结婚、生儿育女，你是认真负责的人，你愿意执子之手，与子偕老，但你却常常因为不善表达情感造成误会。要注意的是：虽然你只是希望有一个平凡的婚姻或者家庭，但也许对方想要更加精彩的爱情世界。不要怕改变，不要怕表露心声，让爱情丰富一点，让自己开心一点。

理性爱：爱情的稳定最重要（3~4分）

你是一个对爱情有点戒心的人，总是为自己考虑得多一点。你不愿意自己为了爱情而做出改变，有一些个人的原则是需要坚持的。即使你被异性所吸引，那也不过是一分钟的事情，你很快会冷静下来，觉得自己不值得为爱情付出努力。要注意的是：你可能有点内向，在爱情方面不太自信，也不太会照顾别人，但至少你可以尝试一下，拿出勇气，学会表达自己的心意和热情。

■ 测试二

先记录每道题的选项得分如下，然后把10道题的得分相加：

题目	选项得分			
选项	A	B	C	D
第1题	4	3	2	1
第2题	2	3	4	1
第3题	3	1	4	2
第4题	2	4	3	1
第5题	1	4	3	2
第6题	1	4	2	3

续表

题目	选项得分			
选项	A	B	C	D
第7题	4	2	1	3
第8题	2	1	3	4
第9题	3	2	4	1
第10题	4	3	2	1
总分	（把10道题的得分相加得出总分）			

爱情观：大学水平（33~40分）

心智成熟的你拥有成年人的爱情观，明确爱情的目的和方向，也理解爱情的真谛和内涵，也知道该如何追求你心目中的爱情，至于方法和技巧因人而异。你也不要害怕恋爱中的艰难险阻，你有勇气和决心，也相信爱的力量。你需要做的只是放下你的顾虑，热情地面对爱情这回事，相信你迟早会收获一份美满的爱情和婚姻。

爱情观：中学水平（26~32分）

你的爱情观属于半生半熟，对爱情也有过学习和思考。总体上来说，你对爱情的观念是正确的，也很渴望拥有一份完美的爱情，然而你总是遇到失败和挫折，原因并不完全在于你的观念，而是需要一点点信心，需要多了解一些男女之间的差异和沟通交流的技巧。是时候好好考虑一下了：究竟自己想要一段什么样的爱情呢？学会在现实中调整心态来寻求适合自己的爱情吧。

爱情观：小学水平（20~25分）

你的爱情观念显然属于不太成熟的那种，你渴望爱情的动机也有一些违背常理的地方。如果以你现在的心态和不成熟的心理贸然坠入爱河，结果往往是以不欢而散来收场。所以你需要先学会独立思考，先明确自己对待爱情的态度，想清楚自己究竟想要从爱情中得到什么，你又能为爱情付出什么，特别是需要修炼一下自己的同理心和沟通技巧。

爱情观：幼儿园水平（19分及以下）

你的爱情观还在萌芽水平，说实话你还不太适合谈恋爱，对你来说，爱情的话题太沉重了，简直就是成年人的游戏。你还没有形成自己的爱情观，也不那么渴望爱情，即使对爱情有一点懵懂的向往，也不过是随波逐流。这有可能是你年纪还小，也有可能是你目前各方面的条件还不具备，或者内心有点害怕爱情会带来伤害。那就先成长一下自己吧，相信该来的迟早会来。

■测试三

选A：你会不会为找不到灵魂伴侣而苦恼？虽然恋爱了一段又一段，却觉得心理还是有个黑洞，不能被填满。恋爱中惯常的吃喝玩乐活动，让你觉得有些疲乏无味。你心中的灵魂伴侣，必须既稳重大方，又热情奔放才行，你希望他/她的能量能够照亮你的心，跟着他/她往前走，要的就是被引领的感觉。

选B：你有点缺乏安全感，心灵能量常常处于游移不定的状态，你希望对方能够带来稳定、可靠的力量，给你强有力的保护和支持，可以让你的心不再飘浮，感受到一份平静的幸福。你希望他/她是智慧、灵动的，有强大的人脉资源，任何时候都可以给你一份稳稳的感觉。

选C：第六感颇强的你，很容易感受到谁是你的"菜"，你想要的灵魂伴侣，是能让你完全放松自我的那种人。你希望在对方面前，可以完全表现出你的个性，勇敢说出你的各种想法，不需要忸怩作态，或是刻意投其所好，对方就能全心全意地接受你，不想改造你。是的，这就是你做梦都想要的。

选D：你常常被具有艺术气质的人所吸引，期待有一个人能够点燃你心中的艺术火花，在彼此的目光中，感受到内心的情怀和感动。他/她应该是个自然取向的人，喜欢大自然的花草树木，对自我有信心，为人处事也进退有节，常常给你启发性的刺激，为你开启心灵的大门，带你探索真我，成长自我。没错，不要放过，这就是你的灵魂伴侣。

■ 测试四

先记录每道题的选项得分如下，然后把10道题的得分相加：

题目	选项得分		
选项	A	C	D
第1题	3	5	1
第2题	5	1	3
第3题	3	1	5
第4题	3	1	5
总分	（把10道题的得分相加得出总分）		

➤ 得分8分以下

你适合找年龄相差较大的朋友（7岁以上）。这样的男性能够巧妙地引导你的心绪，给你各种帮助；找年龄比你小的人，会让你产生不安心理。

➤ 得分9~12分

你适合找年龄稍大的朋友（3~6岁）。你意志坚强，没有依赖心理，但有点神经过敏，常感到困惑。找一个年龄稍大的人，可以帮你拿主意。也许刚开始你不能理解对方的用心，但随着相处时间的增长，就会心安自然地接受。

➤ 得分13~16分

你适合找同龄的朋友。对你来说，年龄相差过大就会感到不能相互了解，兴趣爱好和思维模式难以一致，双方都会感到苦恼。比较理想的，是那种一起游玩、喜爱户外运动、性格活泼的同龄朋友。

> ➤ **得分17分以上**

你适合找年龄较小的朋友。你内心有一种想当姐姐或哥哥的潜意识，和年龄较小的朋友相处时，想和像弟弟、妹妹一样的亲近，看见年龄小点儿的、性格懦弱的异性，你就能温柔地体贴、关心他/她，这是你心中的母（父）爱本能在强烈地起作用。

■测试五

高自恋倾向（120~150分）

你非常自信，自我评价很高，凡事总是从积极的方面去归因。你对权力有强烈的欲望，喜欢充当领导者。但是你对那些威胁到自尊的事情特别敏感，特别是当你遇到和你期望相悖的事情时，你容易变得愤怒和富于攻击性。你的人际关系或许存在一些问题，比如缺乏深度的交往，人际冲突比较多。在有些人看来，你有些以自我为中心，缺乏同情心和信任感，喜欢竞争多于合作。要注意的是：如果你以一种利用和控制别人的方式与人交往，可能会给人带来不适和困惑。

中度自恋者（90~119分）

你比较自信，自我评价不错。与高自恋者不同，你没有那种要维持积极自我意象的强烈欲望，但你也对自己有基本的信心，认为自己具备一定的竞争力。你的看法多是基于客观事实的，即使一些事情威胁到你的自尊，你也不至于太情绪化。你接受竞争，也乐于合作，在人际关系方面，你会注意他人的需要和看法，有一定的共情能力和同理心，会尽量避免产生人际冲突。要注意的是：你可能会因为照顾别人的想法而失去自己的机会，有时会纠结和后悔。多聆听内心的声音，感受身体的感受，接受有些事情也许不是那么容易平衡的情况，顺其自然就好。

低自恋者（40~89分）

你没有领导别人的欲望，也不会觉得自己高人一等。你不会把注意力放在自己身上，同时希望自己不要那么引人注目。在人际关系方面，你不喜欢控制和影响别人，而是采取顺从或者与他人保持距离的方式以避免冲突。你对自己很少有不切实际的幻想，甚至有时倾向于低估自己。要注意的是：因为很少照顾自己的感受，可能会有些身心的疲惫。如果能够适当地自恋一点，会让你更加自信，远离抑郁、焦虑、悲伤，保持积极健康的心态。

不自恋者（39分以下）

你完全没有支配别人的想法，觉得自己是一个平凡得不能再平凡的人。你总是采取顺从他人或远离他人的方式尽量避免冲突。你不是太在意自己的外貌长相，也不愿意别人关注你。你从不想挑战任何难题，因为你觉得自己肯定做不好。在人际关系方面，你恨不得做个隐形人，觉得别人一点儿也不喜欢自己。要注意的是：你的心情总是有些低落，觉得自己不够好，但事实未必如此。你需要把目光回到自己的身上，开始学会爱自己，提升自信，重塑自我。

■测试六

如果你的年龄在25岁以上，并且选择了4个及以上的"√"，那么，你可能目前正因为对婚姻的恐惧心理而苦恼。另外，选择了2~3个"√"的人，对婚姻也多少有点紧张心理，但还不至于达到"婚姻恐惧症"的地步。

■测试七

先记录每道题的选项得分，然后将每题的得分填在下表的每道题的空格里：

题目 记录	选项得分			
	V	A	K	Ad
第1题	0	0		0
第2题	0		0	0
第3题		0	0	0
第4题	0	0	0	
第5题		0	0	0
第6题	0	0		0
第7题	0	0	0	
第8题	0		0	0
第9题	0		0	0
第10题		0	0	0
第11题	0	0	0	
第12题	0	0		0
第13题	0		0	0
第14题	0	0	0	
第15题	0	0		0
第16题		0	0	0
第17题	0		0	0
第18题	0	0	0	
第19题	0	0		0
第20题		0	0	0
合计				
类型	V	A	K	Ad
注：把本表每列的得分相加得出4个对应的分数				

*V*列合计得分最高：视觉型

你擅长用视觉去学习、表达、沟通、交流，喜欢用双眼来观察和体验世界上的一切，很容易把过去、现在和未来的事物在脑海里形成一个画面。你特别喜欢五彩缤纷的颜色，或者与大自然画面一样的美景。当然，也很在意别人怎么"看"自己，一般都是严重的"外貌协会"资深成员。你喜欢面对面跟人交谈，常常用一些画面感的语言跟人沟通，喜欢用颜色画出来，或者用笔写出来，白纸黑字上的东西更容易让你记住。

*A*列合计得分最高：听觉型

你是用耳朵连接这个世界的。你喜欢讲话，喜欢聆听，喜欢音乐，喜欢哼唱，喜欢一些有魅力的声音。超级喜欢煲电话粥，反倒不怎么喜欢跟人见面。喜欢别人用说话的方式告诉你一些事情，交代一些工作，告诉你该怎么做。总之，只要是说话就好，因为你就喜欢听。

*K*列合计得分最高：感觉型

你特别注重感觉，喜欢用自己的感觉跟这个世界做交流。你是感觉的动物，非常在意表达出自己的感觉。你特别喜欢去"触摸"，通过接触去感觉。如果你要买一件衣服，是一定要亲手摸一摸质地怎么样，才会决定买不买的。

你比较容易喜形于色，因为你是不愿意掩饰情绪的，生气就是生气，高兴就是高兴。你喜欢肢体接触，喜欢在交流的时候碰碰手、拍拍肩，或者拥抱一下，常常会有意无意地挨碰一下，没什么别的意思，就是觉得舒服。

*Ad*列合计得分最高：理智型

你通常是比较理性、逻辑的，似乎总是在思考、分析、推理，喜欢用理性、严谨的方式看待这个世界；不轻易表露自己的情绪，喜欢依据一些数据、一些前提条件来决定事情的对错是非。因此，你会花很多时间去分析、理解、判断事情，而不会盲目地去做一件事情。

■测试八

本测试共计10道题，每道题满分10分。请将你分别给10道题的分数相加，看看合计多少分——这就是你当下给另一半的分数，是优异的90分，满意的80分，还是尚可的70分，刚刚及格的60分？甚至可能是不及格的50分？

请你想一想，你为什么给TA打出这样的分数呢？TA的哪些地方让你满意，哪些地方让你不太舒服呢？也请你反过来想一想，假如TA给你打分，会给你打多少分呢？TA为什么会给你这样打分呢？其实，分数并不重要，重要的是可以让你想一想为什么会这样打分？分数的背后有哪些值得思考的玄机？